M. Hisham Kabbani
Im Reich der Engel

M. HISHAM KABBANI

Im Reich der Engel

Berichte über Begegnungen des Menschen
mit himmlischen Wesen aus Vergangenheit
und Gegenwart und über solche, die uns
für die Zukunft versprochen sind

SPOHR

Die Cyprus Library
Centre for the Registration of Books and Serials
verzeichnet das folgende Werk unter der

ISBN 978-9963-40-109-3

Englischer Originaltitel:
Angels Unveiled
© copyright 1995 by M. Hisham Kabbani

Aus dem Englischen von
AISHA KIRCHHOFF

2010
ISBN 978-9963-40-109-3

© copyright der deutschen Ausgabe
by Spohr Publishers Limited, Dali/Nikosia, Zypern.
[www.spohr-publishers.com]
Alle Rechte, auch die des auszugsweisen Nachdrucks,
der fotomechanischen Wiedergabe und
der Übersetzung, vorbehalten.
Covergestaltung: Salim E. Spohr
Druck und Bindung: Ebner & Spiegel (CPI), Ulm.
Printed in Germany.

Bei den Staub Aufwirbelnden,
und den Bürdetragenden,
und den hurtig Eilenden,
und den Befehl Ausführenden!
Siehe, was euch versprochen wird, ist sicherlich wahr,
und das Gericht trifft gewiß ein!

Sūra adh-Dhāriyāt (51:1-6)

Meinem Meister
Scheich Muḥammad Nazim
Adil Al-Qubrusi
An-Naqshbandi Al-Haqqani

und meiner Frau,
seiner Tochter,
Nazihe

Inhalt

IN DER GEGENWART

IN DER ZUKUNFT

بِسْمِ اللهِ الرَّحْمٰنِ الرَّحِيمِ

Exordium

GELOBT sei Allāh, der uns mit den wundervollen Zeichen Seiner Schöpfung inspirierte und der uns die Güte Seines Wissens und Seiner Liebe übertrug, indem Er uns Seine Botschafter schickte, uns Seine Wahrheiten zu zeigen, die manifesten als auch die verborgenen. Gelobt sei Allāh, der uns erlaubt hat, in Seine verborgenen Schätze zu spähen, Er allein verehrte sich selbst mit Seinen göttlichen Attributen, bevor die Sprache ins Sein gelangte, und Er allein ist in den Höchsten Stationen der Schönheit und Majestät, von denen alle Sucher angezogen werden und die sie zu erreichen hoffen. Dort tanzen und singen die Liebenden in Seiner Erinnerung mit brennender Liebe. Dort suchen ernsthafte Sucher Sein Vergnügen als Botschafter der Göttlichen Präsenz. Er ist der Erste, der anzubeten ist ohne Anfang. Er ist der Immerwährende ohne Ende. Er ist der König, der allein erschafft und hervorruft. Er ist der Eigner und Herrscher Seines Königreichs, des sichtbaren und unsichtbaren, über Engel und Menschen. Er ist der Meister, dem niemand gleichkommt, angefleht und niemandes bedürftig. Nichts kann Ihn umschließen, und Er enthält alles. Er ist der aus sich selbst Bestehende, der die sieben Erden und die sieben Himmel und alle Universen mit Seiner Macht aufrechterhält. Er ist einzigartig in Seinen vollkommenen

Eigenschaften. Er ist der Lebende, der Ewigwährende, dessen Leben kein Ende kennt. Er ist der Kenner Seines alten Wissens. Er ist der Allwissende der Schöpfung, der Allumfassende des verborgenen und des manifesten Wissens. Er ist Sein eigener Zeuge für Seine Einheit. Er ist der Allhörende, der des Gehörs nicht bedarf. Er ist der Allsehende, der des Gesichtssinns nicht bedarf, der Wachsame, der nichts übersieht, was Seine Engel und Seine Diener betrifft. Er ist der Erhalter, der niemals vergißt, der Hüter Seiner Schöpfung, der Allmächtige, der eine unbegrenzte Schöpfung in die Existenz brachte. Er ist der Versorger von allem, ohne gefragt zu werden. Er ist das Licht des Lichts, mit dem die Herzen Seiner Gläubigen erleuchtet werden. Sein Königreich vermindert sich nicht mehr im Kielwasser Seiner Großzügigkeit als ein endloser Ozean, dessen Wellen unermüdlich ans Ufer schlagen.

Vorwort

ISLAM als Religion kann ohne Engel nicht verstanden werden. Das arabische Wort für Engel, *malak*, heißt Botschafter, und gemäß dem islamischen Glauben hat Allāh Seine Engel mit jeder Art von göttlicher Botschaft im weitesten Sinne des Wortes betraut. Durch diese „Botschaften" trägt Er Seine Handlungen ins Universum. Als Beispiel wird genannt, daß jeder Regentropfen von einem Engel begleitet wird und daß sieben Engel nötig sind, um ein Blatt an einem Baum wachsen zu lassen. Ganz vor Beginn der Schöpfung des Menschen, und sogar lang davor, spielten Engel eine wichtige Rolle im Universum. Als Allāh beschloß, Adam zu erschaffen, befahl Er einem Engel, eine Handvoll Lehm von der Erde zu bringen, und dann kniete Er sich hin und formte den Lehm mit Seinen eigenen Händen. Nachdem Allāh Leben in Adams Lehm gegeben hatte, indem Er etwas von Seinem eigenen Geist hineingeatmet hatte, befahl Er den Engeln, sich vor Adam zu verneigen. Allāh versorgt die Menschen in ihrem Leben in dieser Welt mit Führung durch die prophetischen Botschaften, und diese Botschaften wiederum wurden den Propheten von den Engeln überbracht. So wurde der Erzengel Gabriel zu Maria gesandt mit Allāhs Wort, Jesus, und er wurde auch zum Propheten Muḥammad mit dem Koran gesandt.

Und so wie Gabriel dem Propheten Muḥammad Allāhs
Wort herabbrachte, war er auch Muḥammads Führer
auf seiner Nachtreise (*miʿrāj*) zurück zu Allāh. Diese
Lehren zeigen deutlich, daß Engel die Mittel sind, mit
welchen Allāh das die himmlischen Tore für ein gutes
und gesundes Leben öffnet, und sie sind auch die Mittel, mit denen Er die intime unsichtbare Führung gibt,
durch die die Menschen auf ihrer eigenen „Nachtreise"
zu Ihm bewegt werden. Wenn die Menschen das Ende
ihrer zugewiesenen Lebensspanne erreicht haben,
sendet Allāh Azrāʾīl, den Todesengel, um ihre Seelen
zu holen. Wenn sie ins Grab kommen, werden sie in
der ersten Nacht von zwei Engeln besucht, Nakīr und
Munkar, die sie nach ihrem Glauben und ihren Taten
in dieser Welt befragen. Während des ganzen Lebens
eines jeden Menschen haben zwei Engel die Aufgabe,
ihr oder sein Verhalten aufzuzeichnen, und die Schriftrollen, die sie aufzeichnen, werden entscheidende
Dokumente am Tag des Gerichts sein.

Es wird gesagt, daß Engel aus Licht erschaffen sind, Menschen aus Wasser und Erde und die
Dschinnen aus Feuer. Der menschliche Geist (*rūḥ*)
ist göttlicher Atem, welcher, in den Körper geblasen,
Wasser und Erde Leben verleiht. Nach den islamischen kosmologischen Lehren besteht ein Mensch aus
Geist, Seele und Körper oder Licht, Feuer und Lehm.

Der Geist ist eine leuchtende und deutliche intel-
ligible Substanz, den Engeln ähnlich, und so können
wir sagen, daß alle Menschen eine engelhafte Natur
in sich tragen. Die Seele ist die Gesamtsumme der

menschlichen Eigenschaften, die zwischen Licht und Dunkelheit angesiedelt sind, oder Geist und Körper, und dies ist der Aufenthaltsort des „Feuers", von dem die Dschinnen geschaffen wurden. Dies erklärt die Aussage des Propheten, daß Satan, der ein böser Dschinn ist, im Blut eines jeden menschlichen Wesens fließt.

Das islamische Glaubensbekenntnis beginnt mit einer Bezeugung des Tawḥīd, der Einheit Allāhs. Doch die koranischen Regeln, die den Glauben genauer bestimmen, beinhalten nicht nur den Glauben an Allāh und Seine Einheit, sondern auch den an Allāhs Engel, Seine Propheten, Sein Buch, den Jüngsten Tag und das Bemessen von Gut und Böse. Dieser Glaube kann nicht islamisch sein, wenn er die Engel ausläßt. Und dies hat viel mit der Tatsache zu tun, daß nach islamischer Kosmologie und psychologischer Lehre Menschen nicht wirklich Menschen sind, bis sie ihre eigene Engelnatur in sich erreichen – den leuchtenden göttlichen Atem, der in den Lehm geblasen wurde, nachdem er von Allāh selbst geknetet und geformt worden war.

„Im Reich der Engel" ist ein sehr begrüßenswertes Buch. Es enthält, in schöner und einfacher Sprache verfaßt, traditionelle islamische Berichte von Engeln, die jedem gefallen werden. Wie Scheich Hisham Kabbani sagt – Engel geben den Gläubigen Hoffnung. Die Welt der Engel aus Licht ist die Vergangenheit, die Gegenwart und die Zukunft eines jeden Menschen. Hoffnung in die Zukunft zu haben, wurzelt tief im

Wissen um die Vergangenheit, was umgekehrt nur im gegenwärtigen Moment möglich ist. Jeden Moment auf die beste Weise zu leben, ist Teil der Suche jedes spirituellen Suchers. Die verschiedenen Aspekte der Engelswelt, die in diesem Buch beschrieben werden, sind ein großes Geschenk an all jene, die Interesse am geistigen Leben haben, seien sie Muslime oder Andersorientierte. Und Scheich Hishams Einsatz wird nicht nur von jenen geschätzt werden, die das Buch lesen, sondern auch von jenen, die es nicht lesen, doch Hoffnung bekommen von den Lesern, welche die Geschichten weitererzählen.

SACHIKO MURATA
Mt. Sinai, NY
August 1995

Dem Leser

VEREHRTER Leser: Ich überbringe Ihnen die tra-
ditionellen Grüße, die auf der ganzen Welt von
spirituellen Menschen benutzt werden: Friede sei
mit euch!

Es freut mich sehr, das wachsende Bewußtsein im
allgemeinen Publikum für ein Phänomen festzustellen,
das unter dem Namen „Engel" bekannt geworden ist.
Dies ist ein Zeichen für ein Erwachen des Glaubens an
die weite unsichtbare Welt um uns und auch das Erwachen eines Verlangens, jenseits der Grenzen unserer
spirituellen Vermögens zu gehen, um das unerforschte
Potential in uns zu erfüllen.

Ganz gewiß existieren Engel. Sie haben einen Platz
im Kosmos inmitten der Myriaden unzählbarer Diener unseres Schöpfers – und sie spielen eine besondere
Rolle im göttlichen Plan.

Seit dem Beginn des menschlichen Aufenthalts in
dieser Welt sind unter uns Menschen, die eine selte-
ne, kostbare Gabe besitzen: die Fähigkeit, einige der
Mysterien dieses feinen Universums zu durchringen
und zu verstehen und dem Rest von uns die Perlen
ihrer Weisheit und Erfahrung zu überbringen. Diese
Männer und Frauen sind die Heiligen, die in jeder
Kultur und Zivilisation bekannt sind. Das Herz jedes
Suchers sehnt sich danach, einen von ihnen zu treffen.

Ich war ganz besonders privilegiert und geehrt, nicht nur zwei solcher Meister zu treffen, sondern sie zu begleiten, große Heilige der islamischen mystischen Tradition des Naqshibandi Sufi Ordens, Scheich ʿAbdullāh ad-Daghistānī aus dem Kaukasus und Scheich Muḥammad Nāẓim al-Ḥaqqānī aus Zypern, möge Allāh ihre gesegneten Seelen heiligen und sie höher und höher in Wissen und Weisheit erheben. – Während vieler Jahre und nach einem strengen Training konnten sie in mein Herz etwas von ihrem immensen Wissen und ihrer Weisheit gießen.

Es ist mein großer Wunsch, Ihnen etwas von dieser Erfahrung zusammen mit einigen Kostproben eines phantastischen Schatzes von der Weisheit der Engelswelt zu vermitteln, die in unserer Sufi-Tradition enthalten sind. Ich hoffe, Sie wissen das Abenteuer zu schätzen und daß Sie, lieber Leser, ermutigt werden, weiter zu reisen.

HISHAM KABBANI

Würdigung

Mein besonderer Dank gilt Dr. Gabriel Haddad für seine unerschütterliche Treue, Dr. Laleh Bakhtiar und Liaquat Ali, Kazi Publication und allen anderen Anhängern des höchst ehrenwerten Naqshibandi Ordens.

ZUR EINFÜHRUNG

Was sind Engel?

ENGEL sind die Hoffnung der Menschheit. Sie sind die Quelle des Lichts und die Energie der Schöpfung. Sie sind das Leuchtfeuer jedes Suchers, die Oase jeder Wüste, die Wellen jedes Ozeans, die Quelle jedes Flusses, der kristallene Glanz in jedem Diamanten. Sie sind der Tau des Himmels auf jedem Blatt. Sie sind das Leben in jedem Blutstropfen belebter Wesen, die Bewegung hinter jeder lebenden Zelle. Sie sind die treibende Kraft der Sternenkonstellationen und Galaxien. Sie sind Sterne und Sonnen und Monde an jedem Firmament. Die Universen schwimmen in ihren Umlaufbahnen. Sie sind die Supermächte, die aus allen Traditionen, Glaubensrichtungen und Weisheitslehren bekannt sind.

Diesen Quellen gemäß ist allgemein bekannt, daß Allāh die Engel erschuf, daß sie Seine Befehle ausführen und den Menschen die dazugehörigen Nachrichten übermitteln. Engel sind geehrte feine Lichtwesen, die ihrem Herrn dienen. Sie sind ein Vorbild der Eigenschaften der Vollkommenheit, des Gehorsams und der Hingabe. Sie besitzen unbegrenzte wundersame Kräfte, durch die sie jeden in einem Lidschlag erreichen können, um zu helfen und zu heilen, zu dienen und zu unterstützen, zu lieben und geliebt zu werden.

Engel nehmen in der physischen Welt jede beliebige Form an, zu jeder Zeit an jedem Ort. So wie kristallenes Wasser die Form der Tasse annimmt, in die es gegossen wird, können Engel die Form jedes Geschöpfes annehmen, das sie besuchen. Sie behalten nicht ihre vollständige Lichtgestalt bei, wenn sie zu Menschen geschickt werden. *Sprich: „Wenn es auf Erden üblicherweise Engel gäbe, dann hätten Wir ihnen vom Himmel einen Engel als Gesandten hinabgeschickt."* (17:95) Engel können als Vögel kommen, als menschliche Wesen oder als eine Form von Licht wie ein Regenbogen, der den Himmel schmückt. Sie haben Verstand und Herz, jedoch keinen Willen und kein Begehren außer, ihrem Herrn zu dienen und zu gehorchen. Sie sind niemals zu stolz, Ihm zu dienen.

Engel sind Tag und Nacht in Anbetung ohne Müdigkeit. Sie brauchen nicht zu schlafen, da ihre Augen niemals ermüden. Sie kennen keine Unachtsamkeit. Ihre Aufmerksamkeit schwankt niemals. Ihre Nahrung ist die Verherrlichung Allāhs. Ihr Getränk ist es, Allāh zu verherrlichen und ihn zu lobpreisen. Ihre Nähe zu Ihm erreichen sie durch Rufen ihres Herrn in Hymnen und Lobpreisungen. Ihre Freude ist es, Ihm zu dienen. Sie sind völlig ohne jegliche physiologische Beschränkung. Sie leiden nicht unter Stimmungsschwankungen.

Engel leben im Paradies und den sieben Himmeln. Sie verrichten mehr Gottesdienst als die Menschen, da sie vor ihnen mit größeren und machtvolleren Eigenschaften geschaffen wurden. Sie sind gläubiger als menschliche Wesen, da sie unschuldig sind und unfähig, Fehler zu machen oder falsche Taten zu begehen. Sie bitten nie um Vergebung für sich selbst, sondern tun dies immer für die Menschen. Dies zeigt uns, wie sehr sie für uns sorgen und in welcher Größe Allāh sie erschuf, sich um uns zu kümmern. Allāh machte sie zu unseren Wächtern, da ein Wächter vollkommener ist als derjenige, den er bewacht.

Engel haben mehr Wissen als menschliche Wesen. Wieder: Der Lehrer ist besser als der Student. Sie haben zwei Arten von Wissen: intellektuelles und traditionelles. „Intellektuell" heißt hier: „von der Essenz der Realität" oder „vom Herzen". „Traditionell" heißt: „offenbart und von oben her erklärt".

Intellektuelles Wissen

Intellektuelles Wissen, wie das Wissen über Allāh und Seine Eigenschaften, ist ein Muß. Es ist unmöglich für Engel, die Propheten und gläubige Menschen, es nicht zu besitzen. Es gibt keine Entschuldigung für sie, im Wissen zu versagen.

Das Wissen, das nicht so verpflichtend ist, ist die Art, wie Allāh die wunderbare Schöpfung vollbracht hat, wie das Wissen über den Thron, die Schreibfeder, das Paradies, die Hölle und die Himmel. Zusätzlich gibt es das Wissen über die verschiedenen Arten der Engel, menschliche Wesen, die Bewohner dieses Planeten auf der Erde, unter der Erde, in der Luft und im Meer.

Im letzteren Wissen sind die Engel zweifellos versierter als menschliche Wesen. Dies ist so, da sie lange vor den Menschen erschaffen wurden: Engel begleiteten sowohl den gesamten Erschaffungsprozeß der Universen als auch den des menschlichen Wesens. Sie sind auch deshalb vertrauter mit jenem Wissen, da sie über gottgegebenes Sehen und Hören verfügen. Doch dieses Wissen ist nur für jene erreichbar, die ihre Herzen und ihre Vision unter menschlichen Wesen gereinigt haben.

Traditionelles Wissen

Das traditionelle Wissen ist prophetisches Wissen, das von menschlichen Wesen nicht ohne die Gunst der Offenbarung erlangt werden kann. Nur Engel können ihnen diese Art von Wissen überbringen. In dieser Hinsicht waren Engel tatsächlich die Verbindung zwischen Allāh und den Menschen. Möglicherweise werden sie zudem die kontinuierliche Verbindung zu den Ereignissen der letzten Tage herstellen. Sie sind Wissensträger in den Traditionen, die speziell sie selbst betreffen und mit denen Allāh sie betraut hat. Das ist der Grund dafür, daß Engel weitaus wissender sind als Menschen und daß sie sechs vollkommene Eigenschaften tragen:

Sie sind Boten der göttlichen Präsenz,
sie sind edel in göttlicher Sicht,
sie sind durch Allāh mit Kräften versehen,

die sie befähigen, reinen Gehorsam zu üben,
sie sind in der Göttlichen Gegenwart wohl
angesehen und fest etabliert,
sie erlangen Gehorsam in der irdischen Welt,
sie sind vertrauenswürdig im Empfangen,
Bewahren und Verbreiten der Offenbarung.

Menschliche Vollkommenheit

Menschliche Vollkommenheit kann nicht erreicht werden, bis die Engelskraft mit ihr verbunden ist. Allāh
gewährte allein den Engeln diese Engelskraft, die jedes
menschliche Individuum erleuchtet, wenn es sich mit
ihnen verbindet. Deshalb hängt die Vervollkommnung
menschlicher Wesen von der Fähigkeit ab, ihre Seele
im Schmelztiegel der Engel auszulöschen. Das Ergebnis
dieses Prozesses ist im Koranvers beschrieben: *„O du
beruhigte Seele, kehre zurück zu deinem Herrn, zufrieden
und befriedigt, und tritt ein unter Meine Diener und tritt
ein in Mein Paradies!"* (89:27-30). Diesem Vers nach
läßt Allāh den menschlichen Geist zuerst den Kreis
himmlischer Heerscharen und dann das Paradies betreten. Eine Bedingung dafür, das Paradies zu betreten,
ist es, Engelsgrüße und Offenbarungen zu erhalten, um
es dann als ein mit engelhaften Eigenschaften begabter
Geist zu betreten. Aus solchen Geistern macht Allāh
Boten für seine immerwährende Schöpfung. Ihnen ist
das Glück versprochen, im Paradies zu leben und sich
am Anblick ihres Herrn zu erfreuen. Allāh bestimmte
die Engelsgrüße für die Menschen als notwendig dafür,

daß ihr Geist in die Kraft der Engel eintritt. Dieses hebt sie in einen höheren Zustand und bereitet ihnen ein großes Glücksgefühl. Deshalb kann ohne den himmlischen Beitrag der Engel der menschliche Geist kein immerwährendes Glück erlangen.

Der Beitrag der Engel zu menschlichem Glück hat seinen Ursprung in ihrer Vollkommenheit. Engel sind frei von jedweder Art von Ärger, Illusion, Phantasie oder Wahn. Diese Eigenschaft gibt ihnen die Kraft, in der Göttlichen Gegenwart und im göttlichen Licht zu sein. Es ist dieser Mängel wegen, daß der Mensch von der Göttlichen Gegenwart ausgeschlossen wird. Da nur Vollkommenheit das Recht hat, die Göttliche Gegenwart zu erreichen, kann man allein von den Engeln behaupten, unter den geschaffenen Wesen wirklich vollkommen zu sein.

Die spirituellen
Dimensionen der Engel

Die spirituellen Dimensionen der Engel haben verschiedene Aspekte. Der Engel ist von feinem Leuchten. Sein Wissen ist vollständig und vollkommen, da er das Unsichtbare kennt und mit den Geheimnissen der Schöpfung vertraut ist. Sein Wissen ist real, aktiv und fortwährend. Engel sind aufrichtig in ihrem Handeln, da sie dem Dienen verpflichtet sind, und ihr Dienst wird vollkommen ausgeführt.

Engel haben auf alles in der Natur Einfluß, die menschliche Natur eingeschlossen. Nichts kann auf dem Planeten Erde ohne ihr Eingreifen wachsen: keine Bäume, kein Gras, keine Vegetation und kein Leben. Du kannst die Wirkung der Engelskraft in einer winzig kleinen Pflanze sehen, die sich durch die Mitte eines riesigen Felsens schiebt. Eine besondere Kraft ergießt sich auf diese Pflanze von oben, eine Kraft, die im wesentlichen engelhaft ist.

Mit Allāhs Erlaubnis sind Engel die Kraft hinter jeder Bewegung und jeder Tat in der materiellen Erscheinung dieses Universums. Sie haben die Macht, die Umlaufbahn der Sterne und Planeten und die Bewegung der Galaxien zu verändern und die Erde vor anderen Astralkörpern wie Kometen oder Asteroiden zu schützen. Sie fühlen in keinster Weise die Last dieser Bürde, da sie sich außerhalb der Dimension der Erdanziehung befinden. Sie sind in der Lage, die Winde zu bewegen, wie sie es wünschen. Die Wolken erscheinen und verschwinden, wie sie es wollen. Erdbeben bewegen sich unter ihrem Befehl. Vulkane brechen durch ihre Berührung aus. Ganze Kontinente tauchen aus dem Meer auf und versinken wieder in ihm durch ihre Macht. Die Natur erblüht durch den Duft ihrer himmlischen Berührung. Engel bewohnen die beweglichen Planeten, den Polarstern und all die Fixsterne jeder anderen Galaxie. Umlaufbahnen sind wie ihre Körper, deren Herzen die Planeten sind. Die Bewegungen dieser Planeten in ihren Umlaufbahnen sind das Prinzip der Veränderungen auf diesem Planeten Erde. Die Bewegungen der Engel in diesem Universum haben Einfluß auf den Zustand der Menschen auf dieser Erde. Von den Bewegungen dieser Engel wird durch Allāhs Befehl die Verbindung zwischen den Bewegungen der Galaxien hergestellt. Die Übertragung von Signalen selbst Millionen von Lichtjahren entfernt von uns beeinflußt den Zustand der menschlichen Natur. So herrscht die himmlische Welt immer über der irdischen.

Alles ist in Hierarchien geschaffen, und alles ist mit dem verbunden, was über ihm ist. Menschliche Wesen schauen immer auf, nicht herab. Das Verlangen nach Verbesserung wohnt in ihnen sowohl auf der materiellen als auch auf der spirituellen Ebene. Alles in der Schöpfung orientiert sich an diesem Vorbild. Das Prinzip des himmlischen Einflusses gründet sich hierauf: die Wirkung des Höheren auf das Niedere und das Streben des Niederen zum Höheren.

Das Licht der Engel

Allāh erschuf die Sonne vom Licht der Engel. Er erlaubt dieser Welt, alle materiellen Objekte, die vorher in Dunkelheit gehüllt waren, zu sehen. Ohne das Licht der Sonne kann nichts gesehen werden. Das Ergebnis der Schöpfung des Lichts ist die Bildung von Tag und Nacht. Bis jetzt scheint die Sonne Tag und Nacht, und ihr Licht wird niemals ausgelöscht. Da die Erde sich um ihre Achse dreht, werden die Veränderungen der beiden Zustände erlebt. Die sich drehende Erde bringt das Sonnenlicht zur Erscheinung und läßt es verschwinden. Gleichermaßen scheint die Macht der Engel immer auf die Erde. Doch das Kreisen der Menschen um ihre Wünsche erschafft in ihrem Herzen Tag und Nacht: eine Seite leuchtet, und die andere liegt im Dunkeln.

Da der Mond kein eigenes Licht hat, nimmt er sein Licht von der Sonne. Sie scheint immer und wird auf dem Mond wie in einem Spiegel reflektiert, so daß er wie ein leuchtender Körper erscheint. Auf die gleiche Weise verdunkeln menschliche Wesen sich durch die Herrschaft ihres Egos, obwohl sie von der Macht der Engel geprägt sind. Nichtsdestotrotz sind sie in der Lage, immer zu leuchten, weitaus strahlender als der Mond. Der Mond besitzt nichts des eigentlichen Sonnenlichts. Er reflektiert nur größtmöglich, die Hauptkraft gehört der Sonne. Genau so hat Allāh in jeden Wirkungskreis der Himmel, Galaxien, Planeten und Paradiese ein Wesen gesetzt, das sich von einem Orbit zum anderen unterscheidet.

Sie agieren wie Spiegel, die das Licht der Engel von der göttlichen Präsenz reflektieren. Diese himmlischen Phänomene vergrößern das Engelslicht spiegelgleich zum Nutzen der Menschen und anderer Kreaturen. Dieses Licht ist für alles, was von der Schöpfung gebraucht wird. Dieses Licht ist die Quelle der Engelsmacht, die eigentliche Kraft der Engel. Es ist wahrhaft die Substanz aller Tugendhaftigkeit und Güte und nützt jedem Ort der Schöpfung.

Bewegen sich die Engel in die göttliche Präsenz, so bewegen sich ihre Lichter in und auf die Einflußbereiche, die Allāh dazu erschuf, von ihnen regiert zu werden. Die Macht der Engel beeinflußt die Bewegungen und Inhalte dieser Bereiche. Da diese Bereiche Engelslicht auf die Erde reflektieren, sehen wir, wie die Menschen umgekehrt durch die Bewegungen der Orbits in ihren Leben beeinflußt werden. Engelslicht beeinflußt auch Gefühle, Stimmungen, Benehmen und Handeln.

Das geistiges Kleid

Die Elemente und Qualitäten der Menschen und anderer geschaffener Dinge auf der Erde unterscheiden sich im Verhältnis zu ihrer jeweiligen Entfernung zu der Quelle engelhafter Macht. So finden wir Unterschiede zwischen Menschen, obgleich ihre Körper identisch sind. Der Grund dafür ist, daß sie sich in ihrer Verbindung mit den Engeln unterscheiden. Der Unterschied ist nicht in ihren Körpern, sondern in des Menschen geistigen Eigenschaften und seinem Charakter.

Menschen haben von Kindheit an entweder die Merkmale von Tugend und Heiligkeit oder die von Bösem und schlechten Taten. Dies ist ein sehr genaues Bild des spirituellen Kleides von Menschen und ihrer Hierarchie: Der eine empfängt die Macht der Engel und der andere nicht. Dies ist, was den einen besser als den anderen macht, so wie Diamanten Smaragde übertreffen, welche besser als Saphire sind. Sie alle sind kostbare Juwelen, doch sie unterscheiden sich in ihrer Vortrefflichkeit. Alle diese Juwelen sind kostbarer als Gold. Gold ist kostbarer als Silber, und

Silber ist kostbarer als Eisen. Das Letztere endet als Schrott, während die anderen immer als kostbarer Wert behalten werden.

Licht ist besser als Dunkelheit. Das Durchscheinende besser als der Opake. Das Subtile ist besser als das Dichte. Der erleuchtete Mensch ist besser als der in Dunkelheit. Ein schöner Charakter ist besser als der häßliche. Wer zum Guten aufruft ist besser als der zum Bösen ruft. Der Schüchterne, Mutige, Großzügige, Geduldige ist besser als jener, der Haß, Feindseligkeit, Dunkelheit, Böses, Neid und Knauserigkeit mit sich bringt. All die genannten Eigenschaften hängen mit der Nähe oder Ferne ihrer jeweiligen Träger zur Quelle der Engelsmacht zusammen. Deshalb ist in dieser Welt der menschliche Geist ein Zeichen, welches schwach auf die Vollkommenheit der höheren Welt verweist. Es ist wie das Licht der Kerze im Verhältnis zum Licht der Sonne oder ein kleiner Tropfen im Verhältnis zum Ozean. Engelslicht ist das Mittel der Sichtbarkeit des Lichts auf Erden, sowohl materiell als auch spirituell. Wir wissen von der Sonne durch ihre Strahlen. Genauso wissen wir von Allāh durch die Schaffung der Himmel und der Erde, deren Wahrnehmung durch das Scheinen des Engelslichts auf sie gewährt wird und in der Offenbarung dieses Lichts ihren Ausdruck findet. Es gibt für uns keine tiefere Dunkelheit als die Abwesenheit von Engelslicht. Es gibt kein Lich Allāhs, das ausdrucksstärker wäre als das der Engel. Die Erscheinung jedes einzelnen Dings ist das Ergebnis dieses Lichts, so wie die Existenz jedes Dinges aus ihrer Existenz hervorgeht. Auf diese Weise erhält Allāh die Schöpfung durch das Licht der Engel.

Eine andere Art zu beschreiben, wie der menschliche Geist die himmlische Welt erkennen läßt, ist durch die Analogie der Sonnenfinsternis. Wenn ein Teil der Sonne verfinstert ist, kannst du die Sonne in einer Tasse Wasser sehen. Der Schleier der Verfinsterung ist das Engelslicht. Es macht möglich, auf die Quelle des Lichts zu blicken. Menschen sind selber wie ein Schleier oder eine Sonnenfinsternis für das Engelslicht. Sie verfinstern das Licht der Engel, welche das Licht Allāhs verdunkeln. So kannst du die Eigenschaften des Schöpfers durch Seine wundervolle Schöpfung sehen. Dies ist die Bedeutung des Ausspruchs des Propheten Muḥammad, Friede sei auf ihm: „Betrachte die Schöpfung als Gott. Denk nicht über Sein Wesen nach."

Der Geist des Menschen kann als Atom in der himmlischen Welt beschrieben werden und sein Körper als Haus des Geistes. Das Haus hat einen Zustand, und der Bewohner dieses Hauses hat einen Zustand. Beide unterscheiden sich voneinander. Es ist klar, daß dem Bewohner größere Ehre zukommt als dem Haus, da die Größe des Hauses von der Größe des Bewohners abhängt.

Der menschliche Geist ist ein wirklicher Teil des Engelgeistes. Wie wir schon sagten, ist deshalb die Bedingung für die Seele eines Sterbenden für den Eintritt ins Paradies, zuerst in der Sphäre der Engel akzeptiert zu werden. Das ist auch der Grund, warum der menschliche Geist in der Lage ist, Übertragung der Engelskraft zu erhalten, so wie die Satellitenschüssel dazu gemacht ist, Übertragungen der Sender zu empfangen.

In dem Maß, wie die einzelnen mit der Engelskraft verbunden sind, werden sie zweifellos immer bedeutsamer für andere Menschen auf der Erde. Wie auch immer, menschliche Körper bleiben eine Mischung vieler verschiedener zusammengemischter Elemente, während die Körper der Engel auf der anderen Seite nur aus Licht der Göttlichen Gegenwart gemacht sind. Es ist wichtig zu wissen, daß dieser Unterschied in der materiellen Welt niemals vergeht. Das ist der Grund, warum Engel es vorziehen, den Geist der Körper von Propheten zu unterstützen. Denn der prophetische Geist hat sein körperliches Behältnis zu dem Punkt erhoben, wo er alle Arten von Erkenntnis und spiritueller Stationen erreicht. Diese befähigen ihn, Leuchtfeuer von Licht zu werden, die himmlischen Gaben auszubreiten und Allāhs Botschaft seiner Schöpfung zuzutragen. All diese Verbindungen zwischen Engeln und Propheten, Heiligen und frommen Menschen werden durch Allāhs Willen und seine Erlaubnis erhalten.

Der Glaube an Engel

Und eines Tages wird Er euch allesamt versammeln. Dann wird Er die Engel fragen: „Verehrten diese da etwa euch?" (34:40)

„Warum sind ihm denn keine Armbänder aus Gold angelegt worden, oder sind keine Engel in seinem Gefolge gekommen?" (43:53)

Es heißt, das Wort Engel kommt vom lateinischen *„angelus"*, was dem griechischen *„angelos"*, Bote, entliehen ist. Im Arabischen ist das Wort *„mlak"*, oder *„malāk"*, Plural *„malā'ikah"*. Das arabische Wurzelverb *„alaka"* , was „eine Botschaft bringen" heißt, bestätigt die etymologische Verbindung der Engel zu der Funktion der Botschafter Allāhs in den semitischen Sprachen.

Die Existenz der Engel ist in den meisten religiösen Traditionen, und so auch im Islam, eine der Säulen des Glaubens. Allāh erwähnt die Engel im Koran an mehr als neunzig Stellen. Sie nehmen auch eine herausragende Position in den Überlieferungen des Propheten Muḥammad und den zahlreichen Berichten von Heiligen und frommen Männern und Frauen in Vergangenheit und Gegenwart ein.

Die folgenden Seiten sind eine allzu kurze Auswahl einiger der Berichte und Erläuterungen, die uns aus diesen drei Quellen erreicht haben.

Der Koran sagt: *Der Gesandte glaubt an das, was ihm von seinem Herrn herabgesandt wurde, und ebenso die Gläubigen. Alle glauben an Allāh und Seine Engel und Seine Schriften und Seine Gesandten und machen keinen Unterschied zwischen Seinen Gesandten. Und sie sprechen: „Wir hören und gehorchen. Schenke uns Deine Vergebung, unser Herr! Und zu Dir ist die Heimkehr!"* (2:285)

So befiehlt Allāh dem Menschen, an Seine Engel zu glauben, eine Verpflichtung neben dem Glauben an Ihn selbst, Seine Bücher und Seine Botschafter.

Engel im Koran

Allāh bezeugt, was Er zu dir hinabgesandt hat; Er hat es in Seiner Weisheit hinabgesandt. Die Engel bezeugen es, doch Allāh genügt als Zeuge. (4:166)

Allāh hat im siebten Himmel einen Baum geschaffen, dessen jedes einzelne Blatt einen Buchstaben des Koran trägt. Jedes ist ein aus einem kostbaren Stein geschnittener Thron, und jeder Buchstabe wird durch einen Engel repräsentiert, der auf diesem Thron sitzt. Jeder Engel ist der Schlüssel zu einem je verschiedenen endlosen Ozean des Wissens, der keinen Anfang und kein Ende hat. In jedem Ozean ist ein vollständiges Universum mit seiner eigenen einzigartigen Schöpfung. Der Taucher in diesen Ozeanen ist der Erzengel Gabriel. Er war es, der dem Propheten die Perlen dieses Ozeans brachte, als er ihm erschien und dreimal sagte: „Lies!" Auf diesen Befehl antwortete der Prophet jedes Mal: „Was soll ich lesen?", und Gabriel sagte:

„Lies! Im Namen deines Herrn, Der erschuf – erschuf
den Menschen aus einem sich Anklammernden. Lies! Denn
dein Herr ist gütig, Der durch die Schreibfeder gelehrt hat
– den Menschen gelehrt hat, was er nicht wußte." (96:1-5)

Zu jener Zeit brachte der Erzengel dem Propheten zwei grüne Stücke Stoff vom Himmel, eins von
ihnen war mit aller Art kostbarer Steine der Erde
geschmückt, das andere mit kostbaren Elementen des
Himmels. Er öffnete das erste Tuch und befahl dem
Propheten, sich darauf zu setzen. Er reichte ihm das
zweite Tuch und befahl ihm, es zu öffnen. Als er es
aufschlug, empfing er den Koran mit Worten aus Licht,
und das Geheimnis jenes Baumes im siebten Himmel
wurde ihm eröffnet. Wer den Koran mit Ernsthaftigkeit und Frömmigkeit liest, ist fähig, diese Ozeane des
Wissens und des Lichts zu betreten.

Der Prophet Muḥammad sah eine Tafel aus seltenen
Perlen unter dem Thron Allāhs und eine andere Tafel
aus Smaragd. Auf der ersten Tafel war das erste Kapitel, die Sure al-Fātiḥa, die aus fünf Versen besteht, und
auf der zweiten Tafel der ganze Koran. Er fragte den
Erzengel Gabriel: „Was ist die Belohnung für den, der
das Eröffnungskapitel liest?" Gabriel sagte: „Die sieben Tore der Hölle werden vor ihm geschlossen sein,
und die sieben Tore des Paradieses werden geöffnet
sein für ihn." Der Prophet fragte: „Was ist die Belohnung für den, der den ganzen Koran rezitiert?" Gabriel
antwortete: „Für jeden Buchstaben, den er liest, wird
Allāh einen Engel erschaffen, der einen Baum für
ihn im Paradies pflanzt." Dann sah der Prophet ein

dreifaches Licht, das in drei Richtungen strahlte. Er fragte, was das sei. Gabriel sagte: „Eines davon ist das Licht des Thronverses, das zweite ist die Sure Yā Sīn (Kapitel 36), und das dritte ist die Sure der Einheit (Kapitel 112). Der Prophet Muḥammad fragte: „Was ist die Belohnung für jemanden, der den Thronvers liest?" Gabriel antwortete: „Allāh sagte: ‚Es ist Mein Attribut, und wer immer es liest, wird Mich am Tag des Jüngsten Gerichts ohne Schleier sehen'." Dann fragte der Prophet: „Was ist die Belohnung für den, der die Sure Yā Sīn liest?" Von Allāh kam die Antwort: „Sie besteht aus 80 Versen, und wer sie liest, wird 80 Gnaden empfangen. 20 Engel werden ihm 20 Gnaden in seinem Leben bringen. 20 weitere Engel werden ihm 20 Gnaden bei seinem Tod bringen. 20 weitere Gnaden in seinem Grab, und weitere 20 Gnaden am Tag des Gerichts." Der Prophet sagte: „Was ist die Belohnung für das Lesen der Einheitssure?" Es kam die Antwort: „Die Engel werden ihm von den vier himmlischen Flüssen, die im Koran erwähnt werden, zu trinken geben: dem Fluß aus kristallklarem Wasser, dem Fluß aus Milch, dem Fluß aus Wein und dem Fluß aus Honig."

Engel in der Thora

Und ihr Prophet sprach zu ihnen: „Seht, ein Zeichen seines Königtums ist es, daß die Bundeslade zu euch kommen wird, in der die friedenspendende Gegenwart eures Herrn ist und alles, was das Haus Mose und das Haus Aaron hinterlassen

haben; die Engel werden sie tragen. Siehe, hierin ist wahrlich
ein Zeichen für euch, sofern ihr Gläubige seid." (2:248)

Dieser Vers zeigt die Wunderkräfte der Engel und
ihre phantastischen Fähigkeiten, auf der menschlichen
Ebene zu handeln. Die Engel trugen die Bundeslade, da
sie sehr wichtig für die Menschheit war. Sie enthielt
eines der himmlischen Bücher, die Thora, in seiner
ursprünglichen Form. Als Allāh Moses befahl, die
Thora zu schreiben, sagt er: „O Moses, du mußt es
auf goldene Tafeln schreiben." Als Moses fragte, wo
er ein solches Metall finden könnte, sandte Allāh ihm
den Erzengel Gabriel und 99 andere Engel. Jeder repräsentierte ein Attribut Allāhs, und sie lehrten Moses
124 000 Worte. Mit jedem Wort wurde Moses zu einer
höheren Stufe erhoben. Auf jeder Stufe sah Moses Licht
von der Göttlichen Gegenwart zu ihm kommen und
ihn bekleiden, bis er eine Stufe der Reinheit erreicht
hatte, der Transparenz kristallklaren Wassers vergleichbar. Dies brachte jeden Betrachter Mose dazu,
nichts als Licht zu sehen. In diesem Moment befahl
Moses den 99 Engeln, ihn mit den Attributen und
Kräften, die jeder von ihnen trug, zu schmücken. Moses trug einen Schleier, um das intensive Licht, das von
ihm ausging und andere ohnmächtig werden ließ, wenn
sie ihn anschauten, zu bedecken. Dann goß Gabriel in
Mose Herz das himmlische Wissen, das auf den Tafeln
verzeichnet werden sollte. Er lehrte ihn die Chemie des
Goldes. Moses wiederum lehrte seine Schwester ein
Drittel dieser Chemie, Joshua ein anderes Drittel, und
Aaron das letzte Drittel. Dann schrieb er die Thora auf

das Gold, das er herstellte. Die ganze Zeit standen die Engel bei ihm und lehrten ihn, zu schreiben und das himmlische Buch zu schmücken. Dann erschuf Allāh einen Engel mit vier Flügeln und befahl ihm, Moses zu begleiten und der Hüter der Arche zu sein.

Die Engel des Thrones

Und die Engel werden zu Seinen Seiten sein; acht davon werden an diesem Tage den Thron deines Herrn über sich tragen. (69:17)

Allāh hat den Göttlichen Thron mit Licht von Seinem Licht erschaffen. Die Größe des Throns ist derart, daß neben ihm die sieben Himmel und die sieben Erden wie ein winziger Senfsamen inmitten einer riesigen Wüste sind. Als Allāh die Größe des Throns sichtbar machen wollte, schuf er einen Engel namens Harquā'īl. Dieser Engel hat 18000 Flügel. Wunderbar mit seinen vielen Flügeln war dieser Engel davon eingenommen, die Größe des Göttlichen Thrones zu preisen. Allāh sprach zu diesem Engel: „O Harquā'īl, ich weiß, du hast den Wunsch, die Größe Meines Göttlichen Thrones zu sehen, so gewähre ich dir weitere 18 000 Flügel und erlaube dir, mit all deiner Stärke um Meinen Göttlichen Thron zu fliegen." Harquā'īl entfaltete seine Flügel und flog 3000 Lichtjahre lang, bis er ermüdete, obwohl Engel nicht müde werden, und ruhen mußte. Wieder kam der göttliche Befehl, der ihm sagte: „Harquā'īl, flieg weiter!" Ein zweites Mal entfaltete der Engel seine Flügel und flog für weitere 3000 Lichtjahre. Wieder wurde er müde und mußt anhalten. Ein drittes Mal kam für ihn der Befehl weiterzufliegen. Und ein drittes Mal öffnete er seine Flügel und flog weitere 3000

Lichtjahre, bis er wieder anhielt, benommen von der immensen Entfernung, die nicht einmal seine Flügel ihm zu umfassen erlaubten.

Harquā'īl sprach zu seinem Herrn: „Oh, mein Herr und Schöpfer, sag mir, wie oft habe ich Deinen Thron umkreist?" Der Herr der Himmel und der Erde und aller Schöpfung antwortete: „Oh, Harquā'īl, du bist 9000 Lichtjahre lang geflogen, doch hast du nicht eine Säule des Sockels des Throns erreicht." Harquā'īl war beschämt und verzichtete auf seinen Wunsch, die Größe der Schöpfung des Herrn zu ermessen und das Ausmaß Seiner Geheimnisse zu kennen. Da sprach Allāh zu ihm und sagte: „O Harquā'īl, wenn Ich dir den Befehl gäbe, ohne Unterlaß bis zum Tag der Auferstehung zu fliegen, wärst du noch immer nicht in der Lage, das Wissen der ersten Säule des Throns zu erreichen. Niemand kann das, was nicht gewußt werden kann, wissen, es sei denn, durch Meine Gunst und Mein Gewähren."

Allāh hat acht Engel geschaffen, den Göttlichen Thron zu tragen. Diese Engel sind ungeheuer machtvoll und furchteinflößend. Jeder hat sieben Gesichter: ein Gesicht vorne, eines hinten, ein Gesicht zur Rechten, ein Gesicht zur Linken, ein Gesicht nach oben gerichtet, eines nach unten und ein Gesicht zum Zentrum oder Herzen, alle sechs Gesichter verbindend. Dieses Gesicht ist das strahlendste und kraftvollste. Es ist das Behältnis und die Quelle engelhafter Energie. Diese sieben Gesichter korrespondieren mit den sieben Himmeln und den sieben Erden.

Am Hof des Allmächtigen wurde diesen Engeln höchste Ehre erwiesen. Sie gehören zu den allerersten, die geschaffen wurden. Der erste der acht Engel hat Menschengestalt und betet ununterbrochen für das Menschengeschlecht, indem er sagt: „O Herr, gib der Menschheit reichhaltige Versorgung und schau auf sie freundlich und wohlwollend." Der zweite hat die Gestalt eines Löwen, und sein Gebet ist: „O Herr, gib allen denen, die beten, ihre Versorgung." Der dritte Engel ist in der Gestalt eines Ochsen, und er hält Fürsprache für Haustiere und die Weidetiere. Er betet, an ihrer Versorgung möge es niemals mangeln und daß es ihnen wohlergehe. Der vierte Engel hat die Form eines Adlers, und er betet für das Wohl der Vögel und aller gefiederter Kreaturen. Der fünfte Engel hat die Form der Sonne, und sein Licht scheint auf den Planeten Erde. Er betet für das Wohl des Menschengeschlechts, die Tiere und die Natur, auf daß das Licht, das er sendet, sie erfreuen möge. Der sechste Engel hat die Form eines Baumes, dessen Blätter alles, was Allāh geschaffen hat, repräsentieren. Er betet für all diese Blätter, daß sie beim Empfang des Nektars göttlicher Lobpreisung sprießen mögen. Der siebente Engel hat die Form eines Sternenbildes und umfaßt die Welten. Der achte Engel ist die Quelle und das Zentrum aller anderen. Er wendet sich zu Allāh und empfängt sein Licht.

Allāh legt die Größe des Göttlichen Throns auf die Schultern dieser Engel. Ihre Köpfe sind unter dem Thron, und ihre Füße reichen unter die sieben Erden.

Obwohl Engel niemals ermüden, wurde die Last des Thrones des Allmächtigen zu schwer für sie, sie waren zu schwach, ihn zu tragen. Da inspirierte Allāh sie, ihn auf besondere Art zu lobpreisen: „Lob sei Dir, o Herr, und allerhöchste Preisung! Möge Dein Name gesegnet sein und Deine Macht und Deine Kraft! Es gibt keinen Gott außer Dir." Da wurde der Thron auf ihren Schultern leicht.

Allāh hat der gesamten Schar der Engel in den Himmeln befohlen, täglich hervorzutreten und die Thronengel zu preisen. Sie vollziehen ihre Aufgabe des Lobpreises in zwei Schichten: Eine Gruppe grüßt sie am Morgen, die andere am Abend. Allāh hat ihnen befohlen, für die Menschheit um Vergebung zu bitten. Ihre Tränen sind wie Flüsse. Von jedem Tropfen erschafft Allāh noch mehr Engel, Ihn zu preisen und für die Menschheit um Vergebung zu bitten, bis zum Tage des Gerichts.

Die Engel des Throns beugen stets ihren Kopf. Sie können ihre Augen nicht erheben, da sonst das Licht, welches vom Thron kommt, sie auslöscht. Als der Engel Harquā'īl die Größe des Thrones und seiner Träger sah, rezitierte er:

Wer denn kann den Allmächtigen stützen,
ein Diener trägt Körper und Seele.
Doch zu tragen Allāhs Thron,
wer kann Seine Wirklichkeit greifen,
Seine endlose Größe? Welches Auge das Ganze
    sehen?

Kein Auge kann blicken und kein Wort begreifen,
es sei denn Allāh spricht:
„Über diesem Thron existiert unendliche Gnade."
Acht Säulen sind dort,
niemandem bekannt außer ihrem Herrn.
Rechtmäßig am ersten Platz steht Muḥammad,
dann Riḍwān, Malik, Adam, aufrecht und leuch-
    tend,
aufgereiht nach Rang an Seiner Seite.
Den Vorsitz über Gabriel, Michael und Isrāfīl
hat Abraham:
Acht im Schleier der Dunkelheit
stellen sich die Ansicht vor:
wie die Säulen stehen verborgen
mächtig in ihrer Höhe.

Die vier für die
Erde zuständigen Erzengel

Fast möchten die Himmel oben sich aus Ehrfurcht spalten.
Und die Engel lobpreisen ihren Herrn und bitten um Ver-
zeihung für alle auf Erden. Und Allāh ist fürwahr der
Vergebende, der Barmherzige. (42:5)

Wie viele Engel auch in den Himmeln sein mögen, ihre
Fürbitte nützt nichts – es sei denn, daß Allāh dafür Erlaub-
nis gab, demjenigen, dem Er will und den Er billigt. (53:26)

Ein unauslöschliches Verzeichnis der guten Taten. Bezeugt
ist es von allen Allāh Nahestehenden. (83:20-21)

Es gibt vier Engel und ihre unzählige Gefolgschaft,
die zuständig für diese Welt sind. Der erste ist Gabriel
und seine Armeen. Er ist für die Soldatenengel und die
Offenbarung zuständig. Gabriel sichert den Sieg, ist
verantwortlich für das Auslöschen von Gattungen:
Mensch, Tier, Pflanze oder anderen, so Allāh es will.
Der zweite ist Michael und seine Armeen, zuständig
für den Regen und die Vegetation. Er überbringt
Nahrung, um die Menschheit aufzuziehen. Der dritte
ist Azrā'īl, der Todesengel und seine Assistenten. Sie
haben die Aufgabe, aus denen, die sterben, die Seele
zu ziehen. Der vierte ist Isrāfīl und seine Gehilfen,
zuständig für die Stunde am Tag des Gerichts. Wenn
die Erde vergeht, wird Allāh diesen Engeln befehlen,
ihre Schriftrollen hervorzuholen, und sie werden sie

bringen. Dann wird Allāh ihnen befehlen, das Buch des Lebens zu öffnen. Da werden sie sehen, daß ihre Schriftrollen das gleiche sind wie dieses Buch.

Der Engel, der den Wal
trägt, der die Schöpfung trägt

Siehe, in der Schöpfung von Himmeln und Erde und in dem Wechsel von Nacht und Tag sind wahrlich Zeichen für die Verständigen. Die da Allāhs gedenken im Stehen und Sitzen und Liegen und über die Schöpfung der Himmel und der Erde nachdenken: „Unser Herr, Du hast dies nicht umsonst erschaffen! Preis sei Dir! Bewahre uns vor der Feuerspein!" (3:190-191)

Am Anfang erschuf Allāh der Allmächtige in Seiner Majestät einen riesigen Juwel aus grünem Peridot. Niemand außer Ihm kennt seine Größe. Dann übte der Herr Seinen Blick auf diesem Juwel und sah auf ihn mit einem Blick voll Schmerz. Unter dem Einfluß von Allāhs Blick wurde der Juwel flüssig und begann wellenförmig auf und ab zu laufen. Er verwandelte sich in ein Meer und begann zu kochen und aufzuwühlen, und es wurde aus seinen Tiefen bewegt. Wie es kochte, begann es zu verdampfen, und Rauch stieg von ihm auf. Dieser Dampf stieg immer weiter auf. Darunter blieb eine eindickende, gerinnende, kostbare Masse. Aus den Schichten des Dampfes schuf der Herr der Welten die sieben Himmel. Aus der verbleibenden ursprünglichen Masse schuf er sieben Schichten, die er dann zu den sieben Erden machte. Die Dicke jeder der Schichten von Himmel und Erde war fünfhunderttausend Lichtjahre, und über den Raum, der jede

Schicht voneinander trennte, weiß nur Allāh etwas,
wie Er sagte:

Sehen die Ungläubigen denn nicht, daß die Himmel und
die Erde eine einzige dichte Masse waren, die Wir spalteten,
und daß Wir dann aus dem Wasser alles Lebendige entstehen
ließen? Wollen sie denn nicht glauben? (21:30)

Nachdem er die Himmel und die Erden geschaffen
hatte, erschuf Allāh einen riesigen Engel. Zwischen
seinen Augenbrauen ist ein Abstand von 500 Lichtjahren. Er hat zwei Flügel, die mit großartigen Sternenkonstellationen geschmückt sind. Sie versprühen
ihre Lichter wie flackernde Feuer über seine majestä-
tischen Schultern. Ein Flügel repräsentiert den Osten,
der andere den Westen. Dem Engel wurde befohlen,
seinen Nacken zu beugen. Mit seinen beiden Armen
hob er die gesamte Schöpfung von Ost bis West empor. Er trug seine Last, bis er neben dem Göttlichen
Thron zur Ruhe kam. Dort wird er bis zum Jüngsten
Gericht bleiben.

Als er seine Last anhob, sah der Engel, daß seine
Füße frei schwebend blieben. Da befahl Allāh den
Engeln, aus dem Höchsten Paradies einen Stein aus
rotem Rubin zu bringen. Dieser himmlische Felsen
wurde unter den Füßen des Engels plaziert, so daß
er einen Ort für seine Füße fand. Nun blieb dieser
rote Rubin freischwebend in der Luft, da brachte der
Herr einen enormen Ochsen aus dem Paradies, der
hatte 70000 Beine. Dieser Ochse war so gewaltig, daß
seine Hörner vom Höchsten Himmel bis zum Fuß des
Göttlichen Throns reichten. Er war unmeßbar größer

als der Engel, der die Himmel und Erden trug. Die Engel legten den roten Rubin zwischen die Hörner des Ochsen, wo er fest verankert war, nur war da nichts, die Füße des Ochsen zu stützen. Dafür kreierte Allāh ein kuppelförmiges Gefäß. Seine Breite dehnte sich auf 100 000 Lichtjahre aus.

Die Engel brachten dieses Gefäß unter die Füße des Ochsen. Nun stand der Ochse fest, aber der Kessel hing in der Luft. Aus der Vollkommenheit Seiner göttlichen Macht schuf Allāh einen Wal mit dem Namen Lutia. Dann befahl er den Engeln, das Gefäß auf seinen Rücken zu plazieren, und die Engel gehorchten. Durch Allāhs Willen stand das Gefäß fest. Nun blieb nur der Wal in der Luft. Da erschuf Allāh einen Engel, der schöner war als der neue Mond, die eine Hälfte aus Feuer, die andere aus Schnee. Sein ständiges Gebet ist: „Bei dem Herrn, der dieses Feuer in Frieden mit diesem Schnee beisammen sein läßt, möge Allāh seine Menschen segnen und ihnen vergeben." So ließ Allāh den Engel, der die Universen trägt, auf dem roten Rubin stehen, welcher auf dem Ochsen plaziert ist, der auf dem kuppelförmigen Gefäß ruht, das auf dem Wal Lutia sitzt, der in der Handfläche des Engels der Gegensätze schwimmt wie ein Ring, verloren in der Mitte einer großen Wüste.

Die Soldatenengel

Als du zu den Gläubigen sprachst: „Genügt es euch denn nicht, daß euer Herr euch mit dreitausend herabgesandten Engeln hilft? Doch ja, wenn ihr standhaft und gottesfürchtig seid und sie euch sofort angreifen, wird euer Herr euch mit fünftausend heranschwebenden Engeln beistehen." (3:124-125)

Wenn ihr ihm nicht beisteht, so bedenkt, daß ihm bereits Allāh geholfen hat, als ihn die Ungläubigen vertrieben – als beide in der Höhle waren, und als er zu seinem Gefährten sprach: „Sei nicht traurig! Siehe, Allāh ist mit uns." Da sandte Allāh Seinen großen Frieden auf ihn nieder und stärkte ihn mit Heerscharen, die ihr nicht saht. Und Er machte das Wort der Ungläubigen unterlegen und Allāhs Wort überlegen. Und Allāh ist mächtig und weise. (9:40)

Und daß Unsere Heerscharen für sie obsiegen werden. (37:173)

Er ist es, Welcher innere Ruhe in die Herzen der Gläubigen hinabsandte, damit ihr Glaube an Glauben zunehme – denn Allāhs sind die Heerscharen der Himmel und der Ede, und Allāh ist wissend und weise ... Allāh befehligt die Heerscharen der Himmel und der Erde, und Allāh ist mächtig, weise. (48:4,7)

Oder wer kann euch wie ein Heer zuhilfekommen, außer dem Erbarmer? Die Ungläubigen geben sich völlig der Täuschung hin. (67:20)

Und zu Wächtern des Feuers setzten Wir allein Engel ein. Und Wir machten ihre Anzahl lediglich zu einer Versuchung für die Ungläubigen, damit diejenigen, denen die Schrift gegeben wurde, gewiß würden und die Gläubigen damit an Glauben zunähmen; und damit diejenigen, denen die Schrift gegeben wurde, und die Gläubigen nicht zweifeln; und damit diejenigen, in deren Herzen Krankheit ist, sowie die Ungläubigen sich fragen: „Was meint Allāh denn mit diesem Gleichnis?" So läßt Allāh irregehen, wen Er will, und leitet recht, wen Er will. Denn die Heerscharen deines Herrn kennt nur Er. Und dies ist nur eine Mahnung für die Menschen. (74:31)

Diese Verse haben zwei Erklärungen, eine äußerliche und eine innerliche. Zur Unterstützung der aufrechten Menschen, die dem Propheten Muḥammad folgten, hat Allāh dreitausend Engeln, geschaffen aus dem Licht des Attributs *„al-Ǧalīl"*, „der Majestätische", befohlen, herabzukommen und die Gläubigen gegen Terror und Teufel zu beschützen. Diese Engel wurden „herabgesandt", in anderen Worten:

Sie kamen herab aus dem siebten Himmel, welcher der höchste ist. Der zweite Vers zeigt, daß Allāh die Engel mit Zeichen von besonderer Bedeutung gesandt hat, die für die Gläubigen sichtbar waren. Diese Zeichen waren Goldkronen auf ihren Köpfen, die den reichsten und kostbarsten Zustand repräsentierten, da diese Engel vom höchst kostbaren Zustand der Vollkommenheit im ersten Himmel kamen. Durch das Licht ihrer Kronen konnten die Engel jeden töten, der vor sie kam. Beim Auftreten dieses Ereignisses beim

Kampf von Badr wurde den Gläubigen die Fähigkeit gegeben, diese Engel zu sehen und, durch direktes Ansehen, an ihre Unterstützung zu glauben.

Die innere Bedeutung dieser Verse, die sehr wenige Gläubige erfahren, beruht auf der Tatsche, daß Allāh im Koran 99 Namen und Eigenschaften hat, in der Thora 901 und im Rest der Bibel 2000. Im ersten dieser beiden Verse erwähnt Gott, daß diese Engel aus dem Höchsten Himmel herabgesandt wurden, welcher den absoluten Zustand der Vollkommenheit in der Göttlichen Gegenwart hat. Jeder Engel trug eines der 3000 Attribute, die in den drei Heiligen Büchern existieren. Das heißt, daß diese heilige Unterstützung aus allen drei himmlischen Büchern kam und den Gläubigen und dem Propheten Muḥammad gegeben wurden. Das ist hier das Symbol für die Einheit der Religion, und die Einheit des Glaubens. Er eröffnete diesen Gläubigen das Verständnis dafür, daß der Islam Jesus und Moses und die Bücher, die sie brachten, anerkennt.

Der zweite Vers beschreibt eine gesicherte Tatsache, daß egoistische Teufel dich nicht erreichen können, wenn dir Allāhs Gegenwart im Herzen bewußt ist. Diese Gegenwart erhebt dich zu einem Zustand der Vollkommenheit, der fünf verschiedene Stufen enthält. Jede Stufe besteht aus tausend verschiedenen Schichten von Zuständen, und jede Schicht wird von einem der fünftausend erwähnten Engel repräsentiert. Wenn du von einer Stufe zur anderen steigst, wirst du mit der Kraft des Engels dieser Stufe bekleidet. Jede Stufe vergrößert die Kraft deines Herzens zweifach, um so die ganze Kraft und das Wissen dieser Stufe aufzunehmen. Dieses vermehrte Licht ist der Schlüssel zur nächsten Stufe und immer so weiter von der ersten bis zur letzten der fünftausend Stufen. Zu der Zeit wirst du ein Licht von Allāhs Licht sein und ein Stellvertreter unter Seinen Engeln auf Erden, leuchtend wie eine Sonne am hellichten Tag.

IN DER VERGANGENHEIT

Engel und Adam und Eva

*Und Er lehrte Adam aller Dinge Namen; dann zeigte Er sie
den Engeln und sprach: „Nennt Mir die Namen dieser Dinge,
wenn ihr wahrhaft seid." Sie sagten: „Preis Dir, wir haben
nur Wissen von dem, was Du uns lehrst; siehe, Du bist der
Wissende, der Weise." Er sprach: „O Adam! Nenne ihnen
ihre Namen." Und als er ihnen ihre Namen genannt hatte,
sprach Er: „Sagte Ich euch nicht: Ich kenne das Verborgene
der Himmel und der Erde, und Ich weiß, was ihr offen tut
und was ihr verbergt?"* (2:31-33)

*Und als Wir zu den Engeln sprachen: „Werft euch vor
Adam nieder!" – da warfen sie sich nieder, außer Iblīs, der
sich aus Hochmut weigerte und so zu einem der Ungläubigen
wurde.* (2:34)

*Und wahrlich, Wir erschufen euch und formten euch
dann. Dann sprachen Wir zu den Engeln: „Werft euch vor
Adam nieder!" Und sie warfen sich nieder, außer Iblīs. Er
war nicht bei denen, die sich niederwarfen.* (7:11)

*Und als dein Herr zu den Engeln sprach: „Seht, Ich er-
schaffe einen Menschen aus trockenem Lehm, aus formbarem
Schlamm. Und wenn Ich ihn gebildet und ihm von Meinem
Geist eingehaucht habe, dann werft euch vor ihm nieder!"
Da warfen sich alle Engel insgesamt nieder, außer Iblīs; der
wollte sich nicht niederwerfen.* (15:28-31)

*Und als Wir zu den Engeln sprachen: „Werft euch vor
Adam nieder!", da warfen sich alle nieder bis auf Iblīs. Er*

sagte: „Soll ich mich vor einem niederwerfen, den Du aus Ton erschaffen hast?" (17:61)

Und als Wir den Engeln befahlen: „Werft euch vor Adem nieder!", da fielen sie nieder, außer Iblīs. Er weigerte sich. (20:116)

Als der Herr zu Seinen Engeln sprach: „Seht, Ich werde den Menschen aus Lehm erschaffen, und wenn Ich ihn geformt und ihm von Meinem Geist eingehaucht habe, dann fallt vor ihm nieder!, da warfen alle Engel sich nieder – (38:71-73)

Allāh lehrte Adam den Namen von jedem Ding in der Schöpfung, das innere und äußere Wesen, Qualitäten und Quantitäten, und das Geheimnis der gesamten Existenz. Durch den Wert dieses Wissens erhob Er ihn zu einem Zustand der Reinheit, und Er vervollkommnete ihn, das göttliche Wissen zu erreichen, von welchem die Engel den Nektar ihres eigenen Wissens beziehen. Auf diese Weise befähigte Allāh Adam, die Engel zu lehren und zu informieren, obgleich er nach ihnen geschaffen worden war. Diese Verse zeigen die Essenz der menschlichen Situation, nach der die Menschen eine Station erreichen können, wo sie die Macht der Engel befehligen. Sie lehren uns, daß Engel die menschliche Form annehmen können und daß Menschen sich soweit reinigen können, daß sie engelhafte Eigenschaften tragen.

Allāh hat die Engel zum Dienst an Seiner geliebten Schöpfung eingesetzt, und Er gebot ihnen, der Menschheit zu erscheinen und ihr zu helfen. Dies wird durch die Verneigung vor Adam symbolisiert. Adam wurde von Allāh als Sein Stellvertreter auf Erden eingesetzt, nicht die Engel.

Hätten Wir es gewollt, hätten Wir aus euch sogar Engel machen können, die auf Erden einander nachfolgen. (43:60)

Es ist überliefert, daß Adam, als sich seine Todesstunde näherte, seine Kinder um sich versammelte und ihnen seinen Wunsch mitteilte, noch einmal von der Frucht des Paradieses zu kosten. Alle seine Kinder machten sich auf die Suche nach solch einer Frucht. Die Engel wußten, daß Adam sterben würde. Sie empfingen seine Kinder mit himmlischen Leichentüchern in ihren Händen und Paradieswasser für Adams letzte Waschung. Adams Kinder waren überrascht. „Wie konntet ihr wissen, daß unser Vater krank ist?" Die Engel antworteten: „Was sucht ihr?" Die Kinder antworteten, daß ihr Vater krank sei und nach einer Paradiesfrucht verlange. „Vielleicht wird ihn das heilen", sagten sie.

Die Engel sprachen zu ihnen: „O Kinder Adams. Das Paradies wurde für euch erschaffen. Wir sind nur die Sachverwalter dieses Platzes für euch. Wie kann der Besitzer vom Verwalter Erlaubnis holen? Doch wenn ihr wieder eintreten möchtet, müßt ihr zur Göttlichen Präsenz zurückkehren und eure Engelsexistenz wie zuvor zurückverlangen."

„Wie können wir das tun?" fragten Adams Kinder.

Die Engel erwiderten: „Ihr müßt ernsthaft danach verlangen, euren Herrn zu treffen. Dann wird Er euch den Weg zurück zu Ihm lehren."

„Und dann?" fragten die Kinder Adams.

Die Engel sagten: „Dann müßt ihr durch das Tor des Todes eintreten."

Als Adam starb, kamen die Engel und begruben ihn eigenhändig, und sie zeigten den Kindern die Art und Weise des Rituals und unterwiesen sie das erste Mal darin. Danach waren Sonne und Mond für sieben Tage und sieben Nächte verfinstert.

Die Versuchung
von Adam und Eva

Und Satan flüsterte ihnen ein, daß er ihnen zeigen wolle, was ihnen verheimlicht war – ihre Nacktheit. Und er sagte: „Euer Herr hat euch diesen Baum nur verboten, damit ihr nicht Engel oder unsterblich werdet." (7:20)

Die Himmelsbewohner sind ehrenhafter als Menschen. Adam und Evas Verführung zeigt, daß sie das wußten und den Wunsch hegten, wie die Engel zu werden. Da sie nun auch Bewohner des Paradieses waren und wußten, daß der Gehorsam ihrem Herrn gegenüber vollkommen sein mußte, konnte Satan sie nicht überreden, von dem Baum zu essen. Die Engelskräfte waren zu groß, als daß sie sich blenden ließen. Sie widerstanden Satans Drängen, Allāh den Gehorsam zu verweigern. Sie erlebten und genossen den Geschmack himmlischen Lebens und hatten nicht das geringste Verlangen nach irgend etwas außerhalb ihrer Reichweite. Als Satan sah, daß er sie nicht davon überzeugen konnte, von dem Baum zu essen, versuchte er sie von einer anderen Seite zu erreichen.

Adam und Eva waren der Vater und die Mutter der Menschheit. Allāh erwähnte, daß Er Adam all die

Namen lehrte (wie im Kapitel von der Erschaffung Adams erwähnt), diese „Namen" beinhalten die seiner gesamten Nachwelt. Adam trug in seinen Lenden die Gesamtheit der Samen für seine Abkommen. Da Satan selbst eine Engelskraft in sich trug – er war unter den Engeln jedoch selbst kein Engel –, kannte er das Geheimnis der Samen, die in Adams Lenden bewahrt waren. Deshalb durchdrang er Adams Lenden und erweckte in den Samen die Sehnsucht, von dem Baum zu essen und Engel zu werden, jedoch auf betrügerische Art. Diese Samen bewegten die Körper von Adam und Eva, ihre Hände auszustrecken und von dem Baum ohne eigenen Willen zu essen. Der Grund für ihren Fall aus dem himmlischen Leben ins irdische Leben war das Ergebnis des Verlangens ihrer ungeborenen Kinder.

Den Himmelsbewohnern ist es unmöglich, Allāh nicht zu gehorchen, da sie eine engelhafte Kraft besitzen, die sie fortwährend mit dem Gehorsam Allāh gegenüber beschäftigt sein läßt. Deshalb sind es nicht Adam und Eva, die nicht gehorchten, sondern ihre Kinder in ihnen. Wären Adam und Eva im Paradies geblieben, wären sie weder ungehorsam gewesen noch daraus entfernt worden. Als sie auf die Erde fielen, sehnten sie sich nach ihrer Heimat wie ein Mensch im Exil oder auf einer Reise. Diese Sehnsucht ist der Wunsch, ein Engel zu sein. Allāh erhörte ihr Sehnen. Er gab ihnen den Tod als Ort der Prüfung, um sie wissen zu lassen, daß Ungehorsam im Paradies nicht erlaubt ist. Deshalb ist der Tod für gläubige Menschen das erste Zeichen der Rückkehr ins Paradies und des

Wiedererlangens ihrer Engelskraft sowie, niemals den Fehler zu wiederholen, der von Adams Kindern in seinen Lenden verübt wurde.

Für die Menschheit war es genug des Leides, für eine Weile von ihrer Engelskraft abgeschnitten zu sein. Sie lebten auf der Erde und konnten den ihnen bestimmten Zustand im Paradies nur vermittels jener Kraft erreichen.

Als Adam und Eva auf die Erde fielen, weinten sie vierzig Tage lang gebeugt vor ihrem Herrn. Sie weinten nicht um sich selbst, sondern um das Wohl ihrer Kinder und um sie vor himmlischer Strafe zu beschützen und ihre Schwierigkeiten und Leiden auf dieser Erde zu verringern. Adam und Eva erhoben ihren Kopf nicht aus ihrer Niederwerfung, bis Allāh zu ihnen sprach und sagte: „O Adam und Eva, genug! Ich habe euch und euren Kindern vergeben, doch Ich habe ihnen ein kurzes Leben auf dieser Erde bestimmt mit einer feinen Mischung aus Liebe und Haß, Freude und Pein, Frieden und Konflikt, Schönheit und Häßlichkeit, Wissen und Ignoranz. Wer die Balance erlangt und recht wählt, wird auf Erden ein himmlisches Leben führen und mit den Engelskräften des Paradieses verbunden sein. Diese Person wird für die Menschen ein Licht sein und sie auf dem rechten Pfad leiten."

Noahs Engelsgesicht

*Wahrlich, Wir entsandten schon Noah zu seinem Volk,
und er sprach: „O mein Volk! Dient Allāh; ihr habt keinen
anderen Gott. Seht, ich fürchte für euch die Strafe eines
gewaltigen Tages."* (7:59)

*Doch die Anführer seines Volks, die nicht glaubten,
sagten: „Dies ist ein Mensch wie ihr, der sich nur über
euch erheben will. Denn wenn Allāh gewollt hätte, hätte
Er gewiß Engel entsandt. Wir haben solches nie von unseren
Vorvätern gehört.* (23:24)

Noah wurde mit dem Licht der Propheten auf seiner
Stirn geboren. Allāh erschuf dieses Licht vor Adam,
und er ließ es von einer Generation von Propheten zur
nächsten weiterreichen bis zum Siegel der Propheten,
Muḥammad.

Nachdem er die Prophetenschaft erhalten hatte,
predigte Noah 900 Jahre lang. Das Engelslicht strahlte
aus ihm heraus, und selbst Tiere und Steine lobpreisten Gott, wenn sie ihn sahen. Doch Noahs Volk war
so stur, daß es ihm nur gelang, achtzig Menschen zum
wahren Glauben zu rufen, unter ihnen drei seiner
Söhne. Zum Schluß hatte Noah genug davon, und
er bat Gott, ihn von der Aufgabe, ständig vergebens
zum Glauben zu rufen, zu befreien. Allāh akzeptierte
Noahs Bitte und entschied, die große Flut als Plage für
die Menschen zu senden. Als Noah den Befehl bekam,

die Arche zu bauen, bat er um Anweisung, und Allāh sandte ihm Gabriel, ihn zu lehren, sie zu bauen.

Gabriel befahl den Sicherheitsengeln, das beste Holz für ein Schiff zu sammeln, das zornigen Wassern widerstehen würde. Die Engel brachten Noah einen Stapel Holz und Planken aus libanesischem Zedernholz, der später zum Bau von Salomons Tempel verwendet wurde. Sie legten das Holz vor ihn hin. Der Stapel war so groß, daß, von welchem Punkt von Noahs Land aus auch immer man auf ihn schaute, der Stapel immer den Himmel über einem zu bedecken schien. Noah nahm einen Splitter dieses Stapels und begann daraus eine riesige Arche zu bauen.

Nie zuvor war in diesem Land ein Schiff gebaut worden. Noahs Land grenzte an kein Meer oder irgendeine andere große Wasserfläche. Seine Leute verspotteten ihn: „Ein Schiff mitten im Flachland" und: „Wie soll in diesem Land eine Flut kommen, wo es doch seit Jahren nicht einmal geregnet hat?"

Gabriel unterwies Noah darin, den Rumpf des Schiffes aus 124000 Planken zusammenzufügen. Auf jeder dieser Planken war der Name eines der 124000 Propheten geschrieben, die von Anbeginn bis zum Ende der Zeit erscheinen sollten, angefangen bei Adam. Allāh erschuf einen Engel, damit er die Festigkeit jeder Planke sichere und bewache, auch nachdem sie ins Schiff eingearbeitet worden war. Dieses geschah, um zu zeigen, daß Allāh Seine Schöpfung mit Seinen Geliebten unter den Engeln und den Propheten beschützt. Allāh legt in die Schöpfung Ursache und Wirkung der

68

Erlösung und des Weges zum Paradies. Allāh rettet Seine geliebten Diener immer wieder mit den Archen der Erlösung, die von den Engeln gebracht werden. In Zeiten der Katastrophen, Kriegen, Hungersnöten und großen Depressionen bringen die Engel bis heute denen, die darum bitten, Hilfe und Erleichterung.

Abrahams geehrte Gäste

Kam nicht die Erzählung von Abrahams geehrten Gästen zu dir? (51:24)

Abrahams Spitzname war „Vater der Gäste", da er so gastfreundlich war. Allāh schickte ihm immer einen Engel zur Gesellschaft, so daß Abraham nicht alleine sitzen und alleine essen mußte. Eines Tages sandte Allāh Abraham drei Engel, ihm die Botschaft eines Sohnes zu bringen, obwohl er und seine Frau recht alt waren. Es wird gesagt, die drei Engel, die Abraham besuchten, seien „geehrt", weil Abraham, der nahe Freund Allāhs, sie persönlich bediente. Es wird auch gesagt, sie seien so bezeichnet worden, da der Gast eines ehrenhaften Menschen selbst ehrenvoll ist.

Allāh segnete die Länder des Mittleren Osten mit einer großen Präsenz und viel Licht der Engel. Er ließ alle Propheten und Heiligen, die in Seinen Heiligen Schriften und Traditionen erwähnt werden, dort geboren werden. Allāh ließ sie die verschiedenen Orte besuchen und segnen und ließ sie in endlosem Engelslicht baden: Mekka, Medina, Jerusalem, Damaskus, Sinai, den Jemen und die Berge des Libanon. Allāh brachte Abraham nach Syrien und nannte es „Das Land, das wir zum Wohle der Welten gesegnet haben."

Denn Wir erretteten ihn und auch Lot in das Land, das Wir für alle Welt gesegnet haben. (21:71)

Eines Tages fragte Gabriel Gott: „O Allāh, zeige mir einen Deiner geliebten Diener." Da sandte Allāh ihn herab, Abraham zu sehen. Gabriel durchsuchte die Erde und fand Abraham mit seinem Sohn, wie sie auf einem Hügel saßen und ein Tal überblickten, das vollkommen mit Schaf- und Rinderherden gefüllt war. In einem Augenzwinkern erschien Gabriel ihm als Mann und sprach ihn an: „O Fremder, wie lautet dein Name?"

„Mein Name ist Abraham."

„Und wer ist das dort bei dir?"

„Mein Sohn."

„Was tut ihr auf diesem Hügel?"

„Die Herden hüten, die ihr dort unten seht."

„Wem gehören diese Herden?"

„Sie gehören mir."

Abraham wunderte sich, warum dieser Mann all die Fragen stellte, doch er schwieg. Gabriel fuhr fort, ihn zu befragen und seinen Glauben zu prüfen. Er sagte: „O Abraham, diese Herden sind zu viel für dich."

„Sie sind nicht zu viel, doch wenn du einen Teil haben möchtest, kann ich dir davon abgeben."

„Ja, doch ich kann dich nicht bezahlen."

„Der Preis wird nicht zu viel für dich sein, doch ich werde ihn wertschätzen."

„Ich verstehe nicht."

„Frag mich."

„Was ist der Preis, o Abraham?"

„Der Preis für die Hälfte dieser Herde ist unter deiner Zunge und zwischen deinen Lippen."

„Was ist das?"

„Es wird nur einige Sekunden dauern, deine Zunge und deine Lippen mit einigen Worten zu bewegen, dann ist die halbe Herde dein."

„Was sind das für Worte?"

„Akzeptierst du meinen Ausspruch?"

„Ja, das tue ich."

„Dann sprich: ,
Höchst Glorreicher und Heiliger, Herr der Engel und des Geistes.'" *

Gabriel sagte: „Höchst Glorreicher und Heiliger, Herr der Engel und des Geistes."

„O mein Sohn, geh hinab dort rechts und bring die Hälfte der Herde auf die Seite unseres Gastes."

Gabriel fuhr mit Abrahams Prüfung fort: „O Abraham, das, was übrigbleibt, ist immer noch zu viel für dich und deinen Sohn alleine, während wir, mein Stamm und ich, weitaus zahlreicher sind als ihr."

„O mein Bruder, sorg dich nicht. Ich gebe dir noch eine Hälfte der verbleibenden Herde, wenn du ein zweites Mal sagst: ,Höchst Glorreicher und Heiliger, Herr der Engel und des Geistes'."

Allāh befahl allen Engeln im Himmel, das Gespräch zwischen Gabriel und Abraham aufmerksam zu verfolgen, und über den Glauben und die Loyalität von

---

* Diese Worte sollen im Original gelautet haben: „*Subbūhu l-quddūs, rabbunā wa rabbu l-malā'ikatu wa r-rūh*" (*vgl.* AMINA ADIL, *Die Propheten. Die Lebensgeschichten der Gesandten Gottes nach arabischen und türkischen Quellen*, Dali, Zypern, 2010, Erster Band, S. 186 f.) – Dort wird die Geschichte etwas anders erzählt.

Abraham zu staunen. Gabriel sprach wieder: „Höchst Glorreicher und Heiliger, Herr der Engel und des Geistes."

Da befahl Abraham unverzüglich: „O mein Sohn, nimm die Hälfte der verbleibenden Herde und gib sie zur ersten Hälfte." Dann schaute er zu dem Mann und sagte: „Ich fühle, daß du um mehr bitten möchtest. Ich werde nicht darauf warten, daß du nochmal bittest. Ich werde dich selber fragen: „Möchtest du mehr?"

Da weinten all die Engel im Himmel und lobten die Großzügigkeit des vollkommenen Mannes, Abrahams.

Allāh sprach zu seinen Engeln: „Von jedem Tropfen eurer Tränen werde ich einen Engel erschaffen, der die Erde bis zum Ende dieser Welt bewohnen wird. Sie werden Meine beauftragten Boten sein, die Menschen zu schützen und zu leiten bis zum Tag des Gerichts." Und Allāh sprach: „Es sei", und die Engel waren erschaffen und stiegen in Scharen hinab auf die Erde, die Menschen zu schützen und zu leiten. Dieses geschah für eine Person, für Abraham. Was ist mit all den andern frommen Propheten und Heiligen, die wie Abraham Allāhs Gnade zur Erde brachten für unser aller Wohlergehen?

Dann sagte Abraham zu Gabriel: „Sprich: Höchst Glorreicher, Heiliger, unser Herr, und der Herr der Engel und des Geistes." Da sprach Abraham zu seinem Sohn: „O mein Sohn, überlaß alles unserem Gast und laß uns gehen. Ich habe den Preis bekommen, den ich verlangte. Diese drei Segenssprüche auf deinen Herrn sind mir kostbarer als all diese Herden."

„Warte Abraham", sagte der Besucher. „Ich bin der Engel Gabriel, ich kam nur, deine Liebe und deine Ernsthaftigkeit zu prüfen. Ich brauche diese Schafe und Rinder nicht."

„O Gabriel!" sagte da Abraham. „Glaubst du, ich wußte nicht, daß du das bist? War dir nicht klar, daß ich dich vom ersten Moment an, den du herkamst, erkannte? Du kamst und verbargst dich vor mir, doch ich habe dich darauf aufmerksam gemacht, als ich dich bat, deinen Herrn mit diesen Worten zu preisen: ‚Herr der Engel und des Geistes'. Ich bin es, der sich vor dir verbarg. Ich machte einen Unterschied zwischen dir und mir, als ich dich das dritte Mal sprechen ließ: ‚Unser Herr und der Herr der Engel und des Geistes'."

Gabriel war verblüfft über Abrahams Antwort und wußte nicht, was tun mit den Rindern und Schafen. Allāh rief ihn und sprach: „O Gabriel, laß Abraham, er wird sie niemals zurücknehmen. Wenn der Großzügige gibt, nimmt er es niemals zurück, und niemals erinnert er an eine Gunst, die er erwies. Ich habe Abraham mit dieser Meiner Eigenschaft geschmückt, „al-Karīm, der Großzügige", für seine Liebe und Aufrichtigkeit. Führ diese Herden von Schafen, Kühen, Ziegen, Pferden, Eseln, Büffeln und Kamelen zu den wilden Plätzen dieser Erde. Bestimme Schutzengel für sie, nach ihnen zu sehen. Es ist mein Wille, daß diese Tierarten wegen Abrahams Großzügigkeit niemals von der Erde verschwinden."

Gabriel bestimmte Engel für die Herden. Wo immer du hingehst auf dieser Erde, wirst du Nachkommen dieser Tiere finden, in jedem Teil dieses Globus, durch den Segen von Abrahams Großzügigkeit.

Als Nimrod Abraham verletzen wollte, hatte er ein großes Feuer errichtet, wie es auf Erden noch nie gesehen ward. Das Feuer war so groß, daß sie sich ihm nicht nähern konnten, um Abraham hineinzuwerfen. Ein Mann sagte Nimrod, er habe eine spezielle Maschine erfunden, die er nutzen könne, wenn er wolle. Das war das Katapult. Abraham wurde gegriffen, hineingesteckt und ins Feuer geworfen. Abraham fuhr fort zu sagen: „Ich vertraue auf Allāh allein." Als er im Feuer landete, sagte er: „O Allāh, Du bist Einer im Himmel, und ich bin Einer auf Erden, Dich anbetend." Da bat Gabriel Allāh unverzüglich um Erlaubnis, zu gehen und Abraham zu helfen. Allāh sprach. „Wenn du es wünschst, magst du gehen und ihn fragen, ob er Hilfe möchte." Gabriel ging hinunter und erschien vor Abraham. Allāh ordnete allen Engeln an zuzusehen, was passieren würde, und auf Abrahams Antwort zu lauschen.

Gabriel sprach: „Oh, Abraham, ich kam, dir zu helfen. Möchtest du, daß ich dich aus dem Feuer hole?"

Abraham antwortete: „Sieht Allāh Seinen Diener nicht, Gabriel?"

„Ja sicher, Er sieht alles!"

„Dann laß Ihn mit mir tun, was Er zu tun wünscht, o Gabriel!"

Der Regenengel fragte Allāh: „Herr, läßt Du mich dem Regen befehlen, das Feuer zu löschen?" Alle Tiere der Schöpfung versammelten sich und versuchten, das

Feuer zu ersticken, jedes nach seinen Möglichkeiten. Nur der Gecko wurde dabei erwischt, daß er das Feuer anfachte. Doch Allāhs Befehl für das Feuer war schneller, da Allāh für Abraham das Feuer schon kühl und sicher gemacht hatte. Die Engel lobten Abraham für sein absolutes Vertrauen in Gott. Die einzige Unbequemlichkeit, die er zu dieser Zeit erlitt, war, daß er ein wenig schwitzte, und Gabriel wischte ihm den Schweiß ab.

Dann befahl Allāh dem Schattenengel, hinabzugehen und Abrahams Aufenthalt angenehm zu machen. Der Schattenengel kam sofort herab und ließ unverzüglich einen großen Garten inmitten des Feuers sprießen. Eine grüne Wiese erschien, in deren Mitte ein schöner See mit Fischen und Paradiesschwänen war, ihre Schuppen und Federn schienen wie Seide und spiegelten all die Farben der Schöpfung wider. Diener begleiteten Abraham, der unter dem kühlen Schatten einer Weide gefunden wurde, umgeben von köstlichen Früchten und schmackhaften Speisen. Die Engel verwickelten ihn in ein göttliches Gespräch, in dem sie ihm die Geheimnisse ihrer Stufen und Fähigkeiten eröffneten und die Kräfte, die Allāh ihnen anvertraut hatte, und gaben ihm alles. Zu der Zeit begannen die, welche von außen hereinsahen, zu wünschen, Allāh hätte auch sie mit Abraham in dieses Feuer geworfen. Selbst sein Vater, der ihm zuvor nicht geglaubt hatte, sagte: „O Abraham, was für ein wunderbarer Herr dein Herr doch ist!" Und seine Mutter ging tatsächlich ins Feuer, von Engeln begleitet, umarmte Abraham und kam unbeschadet zurück. Sonst niemand konnte sich dem Feuer nähern, ohne die intensive sengende Hitze zu erleiden.

Das Feuer brannte vierzig Tage lang unkontrolliert, doch Abrahams Garten wurde nur noch grüner, und er vergrößerte sich mit den ständigen Besuchen und Segnungen der Engel. Zu der Zeit war Abrahams Feuer der segensreichste Fleck auf der gesamten Erdoberfläche, und Allāh schaute mit größtem Wohlgefallen darauf. Er befahl all seinen Engeln, wenigstens einen Besuch bei seinem Freund Abraham abzustatten.

Josefs engelhafte Schönheit

Und als sie von ihrer Bosheit hörte, schickte sie Einladungen zu ihnen und bot ihnen ein Festessen. Sie gab jeder von ihnen ein Messer. Dann rief sie zu Josef: „Komm zu ihnen heraus!" Und als sie ihn sahen, bewunderten sie seine Schönheit so sehr, daß sie sich vor Aufregung in die Hände schnitten und ausriefen: Allāh behüte! Das ist kein Mensch! Das ist ein edler Engel!" (12:31)

Allāh hatte Josef aus dem Licht einer besonderen Schönheit erschaffen, die er schuf und ins Paradies brachte.

Josefs Prophezeiung war die Prophezeiung der Schönheit. Die Botschaft der Liebe, welche Allāh in der Person Seines Propheten gesandt hat, ist das Bild und die Darstellung von Schönheit und Liebe im Paradies. Die Nachricht, die den Menschen von Allāh überbracht wird, ist: „Ich ließ die Erde nicht ohne Schönheit und Liebe." Propheten sind ein Ausdruck dieser Attribute.

Wo waren wir, bevor wir auf diese Welt kamen? In der spirituellen Welt. Was haben wir dort gemacht? Niemand weiß es. Seelen brauchen niemals zu essen, zu trinken, zu schlafen oder irgend etwas von dem, was der Körper braucht. Seelen sind sogar noch älter als die Engel, da sie in einer Zeit erschaffen wurden, von der niemand etwas weiß. Seit jener

Zeit schwimmen unsere Seelen in Allāhs Ozeanen von Macht und Liebe.

Dem Körper ist es unmöglich, der Macht der Seele zu widerstehen oder sie zu tragen. Bei dem Versuch würde er schmelzen. Was von der Sonne erreicht die Erde? Nur ihre Strahlen. Wenn jedoch die Sonne der Erde auch nur einen Schritt näherkäme, wäre das Leben für uns auf der Erde nicht länger möglich. Auf die gleiche Weise sind die menschlichen Seelen ewiglich in der göttlichen Anwesenheit von Anbeginn ihrer Erschaffung an, und sie bewegen sich nicht von der Stelle. Nur ein einziger Strahl kommt zu unseren Körpern.

Aus dieser Schönheit erschuf Allāh Josef und dazu einen Engel, der ihn das ganze Leben lang begleitete. Dieser Engel war vom Licht aus dem fünften Paradies geschaffen. Er goß auf Josef eine Berührung dieses fünften Paradieses und ließ unsagbares Licht auf seinem Gesicht erscheinen und aus seinen Augen strahlen, welches jeden, der ihn sah oder hörte, zu ihm hinzog und ihn glücklich machte. Der Klang seiner Stimme war wie das Summen eines Engels, so daß jeder, der ihn hörte, alles stehn und liegen lassen mußte und sich statt dessen vor ihn setzte, um ihm zuzuhören. Die Damen aus dem Haus des Prinzen fühlten sich zu dem Engel hingezogen, der Josefs Bild ähnelte und der Josef, von allen unerkannt, begleitete. Diese Erfahrung war auch eine Prüfung für Josef, um ihm den Weg zu Toleranz und Geduld zu weisen, so daß er die Last der Sünden anderer tragen konnte und verhindert wurde, daß er selbst in sie hineingeriet. Seine Schönheit war

der Grund dafür, daß er ins Gefängnis geworfen wurde
als eine Einleitung zu einem großen Ereignis, das Allāh
für ihn vorbereitet hatte.

Sobald Josef im Gefängnis war, erschien der Engel
der Schönheit, der bei ihm war, mit einer Heerschar
unzähliger Engel. Josef war nicht nur von ihrer Menge
erstaunt, sondern auch von ihrer Erscheinung, sahen
sie doch alle wie er, Josef, aus und strahlten ungeheure
Schönheit aus. Als Josef seinen Engel fragt, wer sie
denn wären, antwortet er: „Allāh hat sie aus dem Licht
Deiner Schönheit im fünften Paradies erschaffen, und
sie werden die Liebenden Allāhs genannt. Allāh wollte dich für deine Toleranz und Geduld belohnen. Er
schickt dir all diese Engel und stellt sie unter deinen
Befehl bis zum Jüngsten Gericht. Sie sind unter deinem
Befehl und zu Seiner ganzen Schöpfung gesandt, um die
Menschen mit einem Tropfen himmlischer Schönheit
und himmlischer Liebe zu berühren. Diese Liebe und
diese Schönheit gehen auch zu allem anderen in der
Natur, das Allāh außer dem Menschen geschaffen hat:
Bäumen, Bergen, Tieren und Flüssen. Durch dich sind
sie Sendboten der Liebe Allāhs für die Menschen, und
sie haben die Aufgabe, ihnen zu sagen:

„Diener Allāhs!
Ich gedenke derer, die meiner gedenken,
Meine Gärten gehören jenen, die mich anbeten,
Ich besuche die, welche Mich vermissen,
und existiere für die, welche Mich lieben.
Ein Liebender, der liebt, sein Wort ist wahrhaftig!

Wer seinem Geliebten nahe ist,
dessen Handlung ist immer recht!
Wer es liebt, Mir zu begegnen,
den liebe Ich zu treffen!"

Josef antwortete dem Engel: „Sehnen und Zuneigung
haben mich zur göttlichen Liebe getrieben. Ich haßte
nie den Tod, wie Seine anderen Diener es taten, da ich
weiß, es ist die Tür, die zu meinem Geliebten führt."

Der Engel erwiderte: „O Josef, das Zeichen, Allāh
zu lieben ist es, Allāh Vorrang vor sich selbst zu geben.
Nicht jeder, der glaubt, wird ein Liebender Allāhs.
Allāh zu lieben heißt, das zu verlassen, das er nicht
liebt. Dein Herz und deine Zunge dürfen nie aufhören, Seiner zu gedenken. O Josef, du repräsentierst die
Schönheit des Paradieses. Du mußt diese drei Eigenschaften haben, sonst kannst du nicht der sein, der es
repräsentiert:

„Zieh das Wort Allāhs dem Wort seiner Geschöpfe
vor;
Zieh die Begegnung mit Ihm der Begegnung mit
Seinen Geschöpfen vor;
Diene und hilf all Seinen Geschöpfen Ihm zuliebe."

Der Engel fuhr fort: „Dein Gefängnis, o Josef, ist wie
das Feuer im Herzen eines Liebenden, ungezähmt
brennend. Um dir zu zeigen, daß Er die Last, die du
für die Menschen getragen hast, akzeptiert hat, hat
Allāh dieses Ereignis zum Funken gemacht, der das

Feuer entfacht und dir den Weg zum Geliebten öffnet." Dann sang der Engel:

> „O Josef, Trennung vom Geliebten ist besser als
>   Vereinigung,
> Seine Härte ist süßer als Seine Gerechtigkeit,
> Seine Schwierigkeit ist angenehmer als Seine
>   Leichtigkeit,
> Sein Verwehren schmackhafter als Sein Geben."

Josef sagte: „Erklär, was du meinst." Der Engel antwortet: „Trennung hält dich im Zustand der Erinnerung, da du dich immer nach Seiner Gerechtigkeit, Seiner Leichtigkeit, Seinem Geben und Seinem Geschmack sehnst."

Die Engel der Vereinigung nach der Trennung regieren die Liebe der Familienmitglieder füreinander, besonders in Zeiten der Prüfung und Not. Dies ist so, weil Allāh es bei den Menschen liebt, die Bande der Menschlichkeit zwischen ihnen lebendig zu halten, und keine irdischen Bande sind stärker als die Bande der Liebe. Erstens: die Liebe der Eltern zu ihren Kindern, die das Abbild und Symbol der Liebe Allāhs zu Seiner Schöpfung ist, zweitens: die Liebe von Mann und Frau zueinander, wie die Geschichte „Papa, der Engel hat uns gebracht!" zeigt (s. Kap. 17, S. 172 ff.).

Der engelhafte Wal des Jonas

Jonas war gewiß auch einer der Gesandten. Als er zum beladenen Schiff floh, warf er Lose und verlor dabei. Dann verschlang ihn der Fisch; denn er verdiente Tadel. Und wenn er Uns nicht gepriesen hätte, wäre er gewiß in seinem Bauch geblieben, bis zum Tag der Auferstehung. (37:139-144)

Allāh sandte Jonas zu dem Volk der Ninive im Irak. Er verkündete ihnen die göttliche Botschaft, doch sie weigerten sich, auf ihn zu hören. Er rief sie Tag und Nacht ohne Erfolg. Statt dessen verletzten sie ihn und verfluchten ihn bei jeder Gelegenheit. Dies währte lange Zeit. Jonas konnte die Situation nicht länger ertragen, und er begann, ihnen zu drohen: „Ich werde meinen Herrn bitten, euch eine schwere Strafe zu schicken, die es nie zuvor gab, eure Städte zu zerstören und eure Gärten zu verbrennen, euch unfruchtbar zu machen und eure Linie enden zu lassen." Dann verließ er sie. Langsam begannen die Leute die Bestrafung in ihrem täglichen Leben zu fühlen. Es wurde ihnen bewußt, daß sie einen großen Fehler gemacht hatten.

Allāh ist der Höchst Gnädige, da er jeden Moment in dieser Welt Seine Größe zeigt und die Menschen veranlaßt, Ihn durch viele Zeichen zu sehen. Er tut das, indem er Engel schickt, die Ernsthaften zu leiten und wirklich jeden, der um Führung bittet, zum Licht des Glücks im Leben zu bringen. Allāh sandte Jonas Volk die Engel des Erbarmens und die Engel der Sicherheit, um ihre Herzen anzuregen, Gutes zu tun und sie in Sicherheit zu bringen, heraus aus der Zerstörung, die über sie hereinbrechen sollte.

Abraham wurde vor Nimrods Feuer durch den Engel des Schattens und den Engel des Friedens beschützt. In der enormen Hitze dieses großen Feuers, in das sie ihn geworfen hatten, umringt von größter Zerstörung von oben, von unten und von jeder Seite, war Abraham sicher und beschützt. Dies war eine Botschaft Allāhs, den Menschen zu sagen: „Ich kann retten, wen immer Ich will von jedwedem Schaden, wann immer Ich will, ganz gleich wie schlecht ihre Lage sein mag."

Jonas entfernte sich ärgerlich von seinem Volk. Sie bedauerten, was sie ihrem Propheten angetan hatten. Männer, Frauen, Kinder, alte Leute und sogar Tiere, zahme als auch wilde, wurden gesehen und gehört, wie sie laut schrien, jeder in seiner eigenen Sprache. Es war ein riesiges Ereignis. Jeder bat um Gnade und um die Fürsprache der Engel.

Allāh, der Allbarmherzige, Allmächtige und der Höchst Wohltätige nahm die Zerstörung hinweg und rettete sie durch Seine Engel vor dieser großen Verwüstung. Währenddessen war Jonas auf ein Schiff gegangen und in See gestochen. Ein Sturm brach aus. Das Schiff wurde in Stücke zerrissen und war dabei zu sinken. Die Mannschaft entschied, Lose zu ziehen und einen Passagier hinauszuwerfen, als Buße für die Sünde, die den Tod über sie brachte. Als das Los auf

Jonas fiel, lehnten sie es ab, ihn hinauszuwerfen, da er ein Prophet war, und so zogen sie erneut das Los. Doch jedes Mal, da sie das Los zogen, war es seines, das gezogen wurde. Zum Schluß warf sich Jonas selbst über Bord. Ein großer grüner Wal kam vom Grund des Ozeans und schluckte ihn.

Ein Engel erschien dem Wal und wies ihn an, Jonas nicht zu zermalmen, sondern ihn sicher in seinem Magen zu behalten. Da sprach Jonas zu dem Engel und bat ihn um Rat: „Gib mir die frohe Kunde deines Herrn. Warum lehrte Allāh die Engel das Wissen über das Unsichtbare?"

„Weil wir keine Sünden begehen", sagte der Engel.

Jonas sprach: „Unterweise mich!"

Der Engel antwortete: „Sei geduldig und nicht voll Ärger, denn genau jetzt bist du voll von Ärger auf deine Gemeinschaft. Sei jemand, der nutzt und nicht schadet – denn du betetest zu deinem Herrn, daß Er dein Volk vernichte, da sie dich verletzten. Sei nicht stolz und anmaßend. Demütige deine Gemeinschaft nicht mit ihren Sünden, denn auch du hast Fehler gemacht."

Im Magen des grünen Wals warf sich Jonas nieder und sagte: „O Allāh, ich werfe mich nieder vor Dir an einem Ort, an dem noch niemand vorher dieses tat. Oh, mein Gott, Du hast mich ertränkt in den Ozeanen der Hoffnung und mich meinen Todestag vergessen lassen. O Allāh, Du bist der Besitzer meines Herzens und meines Geheimnisses. Ich bin der Ertrunkene, so ergreife meine Hand und rette mich. Erleichtere

mich mit Deiner Vollkommenheit und erweck mich
mit Deiner Liebe! Laß die Engel der Gnade zu mir
heruntergelangen und mich hinaufziehen, o Du, der
Du die Gebete der Bedürftigen in der Dunkelheit der
Bestrafung erhörst. O Du, der Du entschleierst und der
Schwierigkeiten und Schaden entfernst, hier komme
ich zu Dir und bete Dich an. Enthalte Dich mir nicht
vor. Vergib mir."

Allāh befahl dem Engel, den Wal durch die entferntesten Ozeane der Welt zu bewegen und ihn zur
salzigsten oder konzentriertesten und tiefsten Tiefe
des Meeres zu bringen. Dort begann Jonas die Lobpreisung aller Wale, aller Fische, aller Korallen und aller
Kreaturen der Tiefe zu hören. Da war nichts außer
denen, die Allāh lobpriesen und Ihn lobten, und auch
Jonas verherrlichte Ihn.

Allāh erschuf einen Heiligen, den Er mit solch großer Kraft des Lobpreises und des Erinnerns ausstattete,
daß er nicht zu essen oder zu schlafen brauchte. Statt
dessen verbrachte er seine ganze Zeit damit, zu Allāh
zu beten, Sein Lob zu singen und Fürsprache für andere Menschen zu halten. Allāh gab ihm seinen Platz
am Grund des Ozeans. Dort wiederholte er immer
wieder Allāhs Lobpreisung Hunderte von Jahren lang.
Als dieser Heilige starb, brachten die Engel ihn vor
Allāh, der ihn fragte: „O Mein geliebter Diener, soll
ich Dich entsprechend Deiner Taten belohnen oder
nach Meiner Vergebung?"

Er antwortete: „O mein Herr, entsprechend meiner Taten, da Du gewährtest, daß sie nur aus Deiner

Lobpreisung bestehen würden." Die Engel legten die Taten des Heiligen auf die eine Seite der Waagschale, und auf die andere Seite legten sie Allāhs Großzügigkeit für den Heiligen. Allāhs Großzügigkeit wog schwerer, und der Heilige fiel auf die Knie und war sprachlos und flehte um Allāhs Vergebung.

Der Engel inspirierte Jonas zu sagen: „O Höchster Gott, niemand kann Dir danken noch Dich anbeten, wie Du es verdienst, daß Dir gedankt wird und Du angebetet wirst. Du kennst die Geheimnisse und das tiefste Wissen. Du entschleierst alles, was Deinen Dienern verboten ist. Du kennst jedes kleine Ding in dieser Welt und der nächsten, und Du nimmst die Gebete jeder Kreatur an, vergib mir und akzeptiere mich in Deiner Gegenwart als Deinen demütigen Diener."

Allāh offenbarte die folgenden Verse über Jonas:

Und der Mann des Fisches, als er erzürnt fortging und meinte, Wir hätten keine Macht über ihn. Doch in der tiefen Finsternis rief er: „Es gibt keinen Gott außer Dir! Preis sei Dir! Ich war wirklich einer der Sünder!" Da erhörten Wir ihn und retteten ihn aus der Trübsal. Und so erretten Wir die Gläubigen. (21:87-88)

Dann befahl Allāh dem Wal, Jonas auf den Strand auszuspucken. Er befahl dem Engel, Jonas zu sagen: „Dies ist Allāhs Barmherzigkeit. Er kann sie jedem geben, den Er mag, selbst inmitten der größten Zerstörung und des sichersten Todes, weit entfernt von jeder Hilfe." So rettete Allāh Jonas.

Marias jungfräuliche Engel

Und als die Engel sprachen: „O Maria! Wahrlich Allāh
hat dich auserwählt und gereinigt und vor den Frauen aller
Welt erwählt.(3:42)

Die „Engel der Jungfräulichkeit" wurden aus Allāhs
Wort geschaffen, sie trugen Sein Licht und erschienen
der jungfräulichsten unter den Jungfrauen, Maria. Sie
verkündeten ihr, daß sie auserwählt wäre, eine große
Botschaft für die Menschheit zu tragen. Sie waren ihre
Schutzengel. Auf ihren Köpfen trugen sie Kronen aus
Perlen und Rubinen. Marias Augen wurden ohne ihren
Willen zu diesen Perlen und Rubinen hingezogen. Sie
konnte so sehen, daß diese Welt in all ihrer Größe in
einer dieser Juwelen verschwand, so wie ein Ring im
Ozean verschwindet. Diese Vision erhob sie zu einer
Stufe, wo sie ein Wissen erreichte, das alles Wissen
dieser Welt in den Schatten stellte und sie befähigte,
in ihrem Leib das Geheimnis Jesu zu tragen, der ein
Wort Allāhs ist. Allāh hatte Maria durch diese beiden
Botschafter vorbereitet und geführt, das Licht zu
tragen, das der Erzengel Gabriel ihr später verleihen
würde. Sie war von allen Frauen der Welt wegen ihrer
Aufrichtigkeit und Gläubigkeit auserwählt, ohne die
Vermittlung eines Mannes ein Baby zu bekommen.
Sie bat Allāh vom ersten Tag ihrer Existenz an, eine
Jungfrau in Körper und Seele zu sein.

Zacharias Besucher

*Und während er zum Gebete im Tempel stand, riefen ihm
die Engel zu: „Allāh verheißt dir Johannes, den Bestätiger
eines Wortes von Allāh, einen Herrn, einen Asketen und
Propheten, einen der Rechtschaffenen."* (3:39)

Die Engel, die zu Zacharias kamen, kamen als Boten,
sie unterbrachen sein Gebet zum Wohl einer besseren
himmlischen Verständigung. Sie sagten ihm, daß seine
Frau ein Kind bekommen würde aus der guten Gemeinschaft der Rechtschaffenen und daß es ein Prophet sein
würde. Diese beiden Engelsboten erschienen Zacharias
in pupurnem Licht und zeigten ihm, daß sie die Schutzengel seines Sohns Johannes waren, der Allāhs Diener
auf den rechten Weg führen sollte.

*Als die Engel sprachen: „O Maria! Wahrlich, Allāh
verkündet dir frohe Botschaft durch ein Wort von Ihm: einen
Sohn, sein Name ist Messias, Jesus, der Sohn der Maria,
angesehen in dieser Welt und im Jenseits, einer der Allāh
Nahestehenden.* (3:45)

Die Engelsboten, die zu Maria kamen, informierten
sie, daß sie den lang erwarteten Messias tragen würde.
Maria war die 24. Generation von Nachkommen des
Propheten Salomon, dem die Engel und die Dschinnen
zu gehorchen hatten. Sie bat Allāh, sie nur mit erlaubter
Nahrung zu ernähren, die zu ihr kommen sollte, ohne
daß sie dafür arbeiten mußte, da sie sich Seinem Dienst
verschrieben hatte. Deshalb sah Zacharias, ihr Onkel,
wann immer er ihre Zuflucht betrat, Nahrung bei ihr.

Wenn er fragte, woher das sei, antwortete sie, das käme von Allāh. Die beiden Engelsboten zogen Maria von Kindheit an auf, bis sie erwachsen war, und ließen sie nie aus ihrer Zuflucht heraus, ausgenommen um Wasser in einer bestimmten Höhle zu holen. Als sie eines Tages dort war, sah sie einen großen Baldachin aus Wolken den Himmel füllen und in einer Vielzahl von Farben glitzern. Sie fürchtete sich. Ihre beiden Beschützer erschienen ihr und sagten: „Dieses ist der große Augenblick. Du wirst einen Sohn empfangen, welcher der Messias der Welt sein wird." Sobald sie geendet hatten, erschien der Erzengel Gabriel in Gestalt eines weißgekleideten Mannes und sprach zu ihr:

„Ich bin nur ein Bote deines Herrn, um dir einen lauteren Sohn zu bescheren." Sie sprach: *„Wie soll ich einen Sohn bekommen, wo mich kein Mann berührt hat und ich keine Dirne bin?"* Er sprach: *„So sei es! Dein Herr hat gesagt: ,Das ist Mir ein leichtes!" Und Wir wollen ihn zu einem Zeichen für die Menschen machen und zu einer Barmherzigkeit von Uns. Und das ist eine beschlossene Sache.'"* (19:19-22)

Als Maria gegen Ende ihrer Schwangerschaft die Geburt herannahen fühlte, wies sie einer ihrer Nachbarn, ein Zimmermann namens Josef, zurecht: „O Maria, hast du je Getreide ohne Saat wachsen sehen?" Unverzüglich erschienen ihr ihre Beschützer und der Erzengel Gabriel und eröffneten ihr ein weites Feld des Wissens. Sie sah nur sich selbst inmitten einer unendlichen Anzahl von Engeln, die tanzten und sangen, lobpreisten und segneten und ihr sagten: „Sag, hat Allāh nicht Getreide ohne Saat gebracht, als Er die

Welt erschuf?" Als Josef dies vernahm, verstummte er. Nach einer Weile antwortete er: „Du hast recht."

Maria war 13 Jahre alt, als sie Jesus gebar, und sie starb mit 112 Jahren. All diese Zeit über begleiteten sie ihre Schutzengel und verließen sie niemals. Sie überbrachten ihr Allāhs Wunsch, ihn Jesus zu nennen, den Messias, auf arabisch: ʿĪsā al-Masīḥ". Er wurde so genannt, da er aus dem Leib seiner Mutter gesalbt mit Parfüm und Duftölen kam, die kamen aus ihr während der Geburt. Aus jedem Tropfen dieses Parfüms erschuf Allāh einen Engel, ihn in seinem Leben zu beschützen. Diese Engel ermöglichten ihm die wunderbaren Heilkräfte, mit denen er die Kranken heilen und die Toten zurück ins Leben bringen konnte. Der Erzengel Gabriel salbte Jesus auch mit seinen Flügeln und beschützte ihn so vor dem Teufel. Deshalb hat auch Jesus den Kopf jedes Kindes und Waisen gesegnet als ein Symbol dafür, daß Allāh ihn erwählt hat.

Eines Tages näherten sich Jesus drei Teufel. Unverzüglich erschienen drei Erzengel: Gabriel, Michael und Isrāfīl. Michael blies einen Teufel gen Osten, bis er die Sonne erreichte und von ihr verbrannt wurde. Isrāfīl blies einen anderen Teufel gen Westen, bis er die Sonne auf der anderen Seite traf. Der Erzengel Gabriel nahm den Anführer und größten der drei, Satan, und begrub ihn für sieben Tage unter den sieben Erden und versicherte ihm, daß er sich Jesus nicht noch einmal nähern würde.

Der Messias war nie zu stolz, ein Diener Allāhs zu sein, und auch nicht die Allāh nahestehenden Engel. Und wer zu

stolz ist, Ihm zu dienen, und voll Hoffart ist: Versammeln
wird Er sie zu Sich allesamt. (4:172)

Allāh zeigt, daß selbst die Engel, die Ihm am nächsten sind und die aus Licht erschaffen sind, und Jesus, erschaffen durch ein Wort Allāhs vom Erzengel Gabriel (einer der Lieblingsengel), glücklich sind, Allāh anzubeten. Die innewohnende Bedeutung ist hier, daß Allāh die Engel erhöht und ihnen einen Rang wie Jesus gibt, was heißt: Jesus war auch einer von „jenen, die nahegebracht wurden."

Als Jesus die Härte der Menschen um sich herum sah, wünschte er seinen Herrn zu sehen. Es erschienen ihm Engel und unterstützten ihn mit folgenden Zeilen:

O Allāh! Du machtest uns ehrgeizig,
Deine Vergebung und Großzügigkeit zu suchen.

O Allāh, Du bewegtest unsere Herzen,
Dir für Deine Wohltaten zu danken,
und brachtest uns zu Deiner Tür
und ermutigtest uns auszuschauen,was Du für
    Deine Gäste bereitet hast.
Ist nicht all dies von Dir,
und zieht uns nicht all dies zu Dir?
Wir kamen zu Dir, und Du brachtest uns.
Du bist unser einziges Verlangen.
Dein Tor ist riesig. Seine Schwelle ist Deine Großzügigkeit.

An Dich wenden sich die Armen für ihr Ziel.
Geduld ist nur dazu gut, Dir zu begegnen.

Ich erhebe zu Dir die Klage eines verwirrten Ver-
standes.
Hoffnung machte mich trunken.
Die Not schlechter Menschen habe ich vergessen.
Du kennst meinen Fall besser als ich.
Laß mich nicht trunken vom Wein Deiner Liebe
zurück.
Vergib mir mit Deiner vollkommenen Großzü-
gigkeit.
Dir gehört mein Herz. Es ist Dein Reich.
Laß mich nicht getrennt von Dir sein.
Du bist mein Geheimnis, und ich bin es, der darin
ertrinkt.
Hilf mir und rette mich.
Wen Du zurückläßt, der ist im Unglück.
Wenn Deine Gnade nur für die Guten ist,
Wohin soll sich die Hoffnung der Sünder wenden?
O Du, der Du die Gebete des Bedürftigen empfängst
in der Tiefe einer dunklen Nacht,
O Du, der Du das Unglück und die
Schwierigkeiten und den Schmerz hinwegnimmst,
Deine Leute haben vor Deinem Haus geschlafen,
doch Du bist der Immerwache, Immeranwesende
und wachst über allen mit Deiner Barmherzigkeit.
O Alläh, vergib jenen, die sich gegen mich gewen-
det haben,
und vergib mir, denn meine Liebe zu Dir ist rein.
Erheb mich in Deine Gegenwart, wo ich Dich
immer sehen werde.

Es ist überliefert, daß, als Judas Jesus verriet, Legionen von Engeln an Jesu Seite erschienen, bereit, die Feinde Allāhs zu dezimieren, die Seine Botschaft vernichten wollten. Doch Jesus hielt sie zurück, da er begierig war, Allāhs Willen geschehen zu lassen, und sich nicht einmischen wollte. Da sprach Allāh zu ihm und sagte:

„O Jesus! Ich will dich abberufen und zu Mir erheben. Und will dich von den Ungläubigen befreien und diejenigen, welche dir folgen, über die Ungläubigen setzen, bis zum Tage der Auferstehung. Dann ist zu Mir euere Wiederkehr, und Ich will zwischen euch über das richten, worin ihr uneins wart." (3:55).

Er wurde vom Engel Gabriel genommen und in den Himmel erhoben. Am achten Tag nach seiner Himmelfahrt waren seine Jünger, seine Mutter und eine andere Frau in Marias Haus versammelt, ihren Verlust zu beklagen, als Jesus ihnen plötzlich wundersamerweise erschien. Er erzählte ihnen die Wahrheit über das, was geschehen war* und wie sein Herr ihn in die Himmel erhoben hatte, wo er weiter leben würde bis zum Ende der Zeit, da er dann zur Erde zurückkehren würde. Das gab ihnen Trost.

Dann fragte er nach Judas, der ihn verraten hatte. Es wurde ihm gesagt, daß er Reue wegen seines Verrats verspürt hatte, verzweifelte und sich das Leben nahm. Jesus sagte: „Ah, hätte er sich nur an Allāh gewandt und um Vergebung gebeten. Allāh, der Allmächtige,

---

* Vgl. *Das Barnabas Evangelium*, Kandern 1994, S. 319, Kap. 215 „Jesus wird von den Engeln hinweggenommen".

hätte ihm verziehen und seine Bitte um Vergebung akzeptiert. Denn es gibt keine Sünde, die groß genug wäre, daß unser Herr in Seiner endlosen Gnade sie nicht verzeihen würde." Und er weinte um ihn. Dann ermächtigte er seine Jünger, fortzufahren die Evangelien zu predigen, und er segnete sie und betete mit ihnen bis zur Morgendämmerung. Die Engel versammelten sich um dieses heiligste Treffen auf Erden und trösteten sie, als für Jesus die Zeit kam, zum Himmel zurückzukehren, in den er wieder erhoben wurde.

Die Reise des
Propheten Muhammad

*Siehe, Allāh und Seine Engel segnen den Propheten. O ihr, die
ihr glaubt! Sprecht den Segenswunsch für ihn und begrüßt
ihn mit dem Friedensgruß.* (33:56)

*Bei dem Stern, da er sinkt! Euer Gefährte irrt nicht und
ist nicht getäuscht, noch spricht er aus Gelüst. Er (der
Koran) ist nichts als eine ihm geoffenbarte Offenbarung, die
ihn gelehrt hat der Starke an Kraft, der Herr der Einsicht.
Und aufrecht stand Er da im höchsten Horizont. Alsdann
nahte er sich und näherte sich und war zwei Bögen entfernt
oder näher und offenbarte Seinem Diener, was Er offenbarte. Nicht erlog das Herz, was er sah. Wollt ihr ihm
denn bestreiten, was er sah? Und wahrlich, er sah ihn ein
andermal bei dem Lotosbaum, der äußersten Grenze, neben
dem der Garten der Wohnung. Da den Lotosbaum bedeckte,
was da bedeckte, nicht wich der Blick ab und ging darüber
hinaus. Wahrlich, er sah von den Zeichen seines Herrn die
größten!* (53:1-18)

Allāh befahl Gabriel, mit siebzigtausend Engeln
zum Propheten Muḥammad hinabzugehen und an
seiner Türe zu stehen. „Begleite ihn mit Meiner
Gegenwart, und du, Michael, nimm das verborgene
Wissen und geh mit siebzigtausend Engeln hinab
und steh an der Tür seines Schlafraumes. Du, Isrāfīl,
und du, Azrā'īl, ihr tut das gleiche, was Gabriel und

Michael befohlen wurde." Dann sagte Er zu Gabriel: „Vergrößere das Mondlicht mit dem Licht der Sonne. Vergrößere das Sternenlicht mit dem Licht des Mondes."

Gabriel fragte: „O mein Gott, dämmert der Tag der Auferstehung?"

Allāh sagte: „Nein, doch heute nacht rufen wir den Propheten, den letzten Botschafter nach Jesus, in Unsere Gegenwart und eröffnen ihm das Geheimnis, das Uns betrifft."

Gabriel sagte: „O Allāh, was ist das für ein Geheimnis?"

Allāh sprach: „O Gabriel, das Geheimnis der Könige kann nicht den Dienern gegeben werden. Geh mit Meinem Befehl und frage nicht."

Gabriel begann hinabzusteigen und trug die himmlische Botschaft mit sich. All die Engel begleiteten ihn, wie Allāh es befohlen hatte, bis sie die Tür des Propheten erreichten. Als sie dort ankamen, sagten sie: „Erhebe dich, mein Meister, und mach dich bereit. Reite auf dem Rücken des Burāq, des himmlischen Geschöpfes, das dich auf deiner Reise zum Herrn der Macht durch das Land der Engel tragen wird!"

Der Burāq, das himmlische Tier

Als Allāh Gabriel befahl, den Burāq für den Propheten zum Reiten mitzunehmen, ging dieser zum Paradies der Burāqs und fand dort vierzig Millionen Burāqs vor. Jeder hatte eine Krone auf seiner Stirn mit der Inschrift

„Es gibt keinen Gott außer Allāh, und Muḥammad ist
Sein Prophet." Darunter stand geschrieben: „Glaube
an Mich, an Meine Engel, an Meine heiligen Bücher
und an Meine Propheten." Gabriel sah einen Burāq
unter ihnen, der sich absonderte und weinend alleine
saß. Gabriel ging zu ihm und fragte ihn, warum er in
so einem Zustand sei. Der Burāq antwortete: „Vor 40
000 Jahren hörte ich den Namen Muḥammads, und
meine Sehnsucht nach ihm hat mich von Essen und
Trinken abgehalten." Gabriel wählte diesen Burāq
aus und nahm ihn mit.

Der Burāq hatte den Körper eines Pferdes und das
Gesicht eines Menschen, mit großen schwarzen Augen
und weichen Ohren. Seine Farbe war die eines Pfaus,
dessen Federkleid mit roten Rubinen und Korallen
besetzt war, darauf saß ein weißer Kopf aus Moschus
auf einem Hals aus Amber. Seine Ohren und Schultern waren aus rein weißen Perlen, die von goldenen
Ketten gehalten wurden, jede Kette mit glitzernden
Juwelen geschmückt. Sein Sattel war aus Seide gefertigt, durchwirkt mit Silber- und Goldfäden. Sein
Rücken war von grünem Smaragd bedeckt, und sein
Halfter war reines Peridot.

Die Geschwindigkeit des Burāqs beruhte auf seiner
Sicht. Seine Beine reichten so weit, wie seine Augen
sehen konnten. Gabriel sagte: „O Prophet, dieses ist
deine Nacht. Es ist an dir, am Himmel der Schöpfung
zu leuchten. Du bist die Sonne des alten und des neuen
Wissens. Du bist das Mondlicht der Schönheiten der
Welten, das Glück der Schöpfung und der Schmuck

der Länder der Menschen und der Engel. Du bist der Becher der Liebe vom Fluß aus Milch und Honig. Der Fluß der Fülle, al-Kauthar, im Paradies fließt über in Vorfreude, dich zu sehen. O Freude der gesamten Schöpfung, o Stolz des Paradieses, die Tafeln sind gedeckt, und die Paläste des Himmels warten auf deine Ankunft!"

„O Gabriel", sagte der Prophet, „kamst du mit einer Botschaft der Gnade oder des Zorns?"

„O Muḥammad, ich kam mit einer Botschaft deines Herrn, dir ein Geheimnis zu bringen:"

„Was will der Herr der Großzügigkeit mit mir tun?"

„Er will dich mit Seiner Gnade übergießen, dich und alle Menschen, die dich akzeptieren."

„Gib mir einen Moment, mich vorzubereiten."

„Ich brachte dir Paradieswasser und einen Turban mit einer Botschaft als Inschrift: ‚Muḥammad, der Diener Allāhs; Muḥammad, der Prophet Allāhs; Muḥammad, der Geliebte Allāhs; Muḥammad, der Freund Allāhs!'"

„O Gabriel, erzähl mir mehr von diesem Turban."

„Allāh schuf einen Turban aus Licht. Er vertraute ihn Riḍwān an, dem Paradieswächterengel. Heute nacht, als der Befehl für deinen Besuch kam, nahm Riḍwān den Turban aus dem Paradies, und alle 40 000 Engel sagten gemeinsam: „O unser Herr, seit Urzeiten hast Du uns befohlen, den Besitzer dieses Turbans zu lobpreisen. Ehre uns heute nacht mit seinem Anblick und erlaube uns, vor ihm zu gehen." Und Allāh gewährte ihnen, worum sie baten. Dann befahl Allāh mir,

Gabriel, den kostbaren Krug mit dem reinen Wasser von Salsabil Michael zu geben. Michael gab ihn Azrāʾīl. Azrāʾīl gab ihn Isrāfīl, dann Isrāfīl weiter an Riḍwān, dann sandte Riḍwān den Krug erneut ins Höchste Paradies, Jannat al-Firdaus, wo all die wunderschönen Engelmädchen ihr Gesicht mit dem Wasser wuschen und so noch heller strahlten. Dann sandten sie das Wasser zurück zu mir, und ich gebe es dir."

Der Prophet duschte sich mit dem Paradieswasser. Sobald es seinen edlen Körper berührt hatte, wurde er mit einem Kleid aus feinem Engelslicht bekleidet. Gabriel gab ihm den Burāq zu reiten. Doch der Burāq hielt an und fragte Gabriel: „Ist das der Prophet Muḥammad, der zu unserem Herrn eingeladen ist?" Gabriel sagte: „Ja".

Der Burāq sprach: „Ist er der Besitzer des gesegneten Sees im Paradies?"

Gabriel sagte: „Ja".

Der Burāq sprach: „Ist er der Fürsprecher am Jüngsten Tag?"

Gabriel sagte: „Ja".

Der Burāq sprach: „Ist er der Führer der Menschen ins Paradies?"

Gabriel sagte: „Ja".

Da begann der Burāq wie Schnee im Sonnenlicht zu schmelzen. Er kniete nieder und sprach zum Propheten: „O Stolz der Schöpfung, reite auf mir, doch ich habe eine Bitte. Vergiß mich nicht am Tag der Fürsprache." Als der Prophet losritt, weinte er. Gabriel fragte ihn: „O Prophet, warum weinst du?" Er sagte: „Ich erinnerte mich der Menschen. Werden sie am Jüngsten Tag wie ich auf einem Burāq reiten und zu ihren himmlischen Palästen im Paradies gehen?"

Gabriel sagte: „Ja, wahrlich, wir werden die Gläubigen in Abordnungen von Reitern auferstehen lassen."

Eines Tages versammeln Wir die Gottesfürchtigen in ehrenvoller Weise vor dem Erbarmer. (19:85)

Da war der Prophet glücklich. Er ritt den Burāq. Gabriel nahm die Zügel, während Michael den Sattel hielt. Isrāfīl hielt das Satteltuch. Der Burāq bewegte sich in der Luft, bis sie in einem Augenzwinkern den Platz erreichten, der ihnen als erster Halt inmitten der Wüste angewiesen war. Gabriel sagte: „O Prophet Muḥammad, steig ab und bete zu Allāh an diesem Platz."

Der Prophet sagte: „Was ist das für ein Platz?"

Gabriel sagte: „Dies ist der Platz, zu dem du auswandern wirst, und er wird deine zweite Stadt sein." Das war die Stadt Yathrib, nicht weit von Mekka, und ihr Name würde al-Madīnah, Medina, sein.

Mit einem Lidschlag bewegten sie sich wieder durch die Luft, bis sie ein zweites Mal hielten und Gabriel den Propheten aufforderte, abzusteigen und zu beten.

„Was ist dies für ein Platz, Gabriel?", fragte der Prophet.

„Dies ist Sinai, wo Moses mit Allāh sprach."

Dann bewegte sich der Burāq ein weiteres Mal durch die Luft, bis sie einen dritten Platz erreichten, wo Gabriel ihm zu beten befahl.

„Und wo sind wir jetzt, Gabriel?"

„Du bist in Bethlehem, wo Jesus geboren wurde, und von wo aus er die Botschaft des Königs der Himmel und der Erde verbreitete." Als der Prophet mit großer Freude auf dem Boden wandelte, auf dem Jesus geboren worden war, fühlte er, wie sich jemand seiner rechten Schulter näherte, der sagte: „Muḥammad, warte. Ich möchte dir eine Frage stellen." Doch der Prophet antwortete nicht. Dann kam ein weiterer Ruf hinter seiner linken Schulter hervor, doch wieder antwortete er nicht. Endlich erschien ein unvorstellbar schöner Berg, bedeckt mit Reichtum und Schönheit, vor ihm und sprach zu ihm mit menschlicher Stimme, doch ein drittes Mal antwortete der Prophet nicht. Dann fragte er Gabriel nach den drei Stimmen.

Gabriel sagte: „Hättest du auf die erste Stimme gehört, wäre deine gesamte Gemeinde korrumpiert worden, denn es war die Stimme des Bösen. Hättest du auf die zweite Stimme gehört, wären alle deiner Gemeinschaft Tyrannen gewesen, da es die Stimme Satans war. Und hättest du gehalten, um auf den geschmückten Berg zu hören, hätte deine Gemeinschaft diese Welt der ewigen Welt vorgezogen."

Der Prophet setzte seinen Weg fort und sah zwei Engelwesen, ein männliches und ein weibliches. Sie trugen das wundervolle Kleid und den Duft des Himmels. Sie küßten ihn zwischen seinen Augen und verschwanden. Er fragte Gabriel, wer sie wären, und er sagte: „Dies sind die Gläubigen deiner Gemeinde. Sie werden glücklich leben und glücklich sterben, und sie werden das Paradies betreten."

Dann erschien ihm ein anderer Engel und bot ihm drei Becher zu trinken an: einen mit Wasser, einen mit Milch und einen mit Wein. Er nahm den Becher Milch und trank. Gabriel sagte: „Du hast den Becher mit *fiṭrah*: Unschuld gewählt." Dann erschien ein Engel-Mädchen und bot dem Propheten drei Anzüge aus Stoff an, einen in Grün, einen in Weiß und einen in Schwarz. Er nahm die beiden ersten. Gabriel sagte: „Weiß ist die Farbe der Gläubigen und Grün die Farbe des Paradieses. Alle deine Anhänger werden Gläubige in dieser Welt sein, und alle werden das Paradies in der nächsten Welt betreten."

Dann, als der Prophet über den Platz ging, an dem Jesus gelehrt hatte, betrat er Salomons Tempel in Jerusalem. Er fand den Tempel voll von Engeln vor, die auf ihn warteten. Jeder Engel im Tempel repräsentierte eine Gruppe von Engeln im Paradies. Dann sah er alle Propheten in Reihen stehen. Er fragte Gabriel, wer sie wären.

Gabriel sagte: „Sie sind deine Brüder unter den Propheten, und diese Engel sind die Führer aller Engel im Paradies." Dann machte Gabriel den Gebetsruf, nachdem er gesagt hatte: „O Muḥammad, höchstgeehrtes Wesen im Angesicht Allāhs, tritt vor zum Gebet." Und der Prophet ging vor und leitete das vorgeschriebene Gebet. Alle Propheten und Engel folgten ihm.

Da sagte Adam: „Gelobt sei Allāh, der mich mit Seinen Händen erschuf und den Engeln befahl, sich vor mir zu verneigen, und aus meinen Nachkommen all die Propheten hervorbrachte!"

Dann sagte Noah: „Gelobt sei Allāh, der mein Gebet erhörte und mich und mein Volk mit Hilfe der Engel vor dem Ertrinken rettete und mich ehrte!"

Dann sagte Abraham: „Gelobt sei Allāh, der mich als Seinen Freund nahm, mir ein riesiges Königreich gab und Propheten als Nachkommen, mich aus Nimrods Feuer rettete und es kühl und sicher für mich machte!"

Und Moses sagte: „Gelobt sei Allāh, der zu mir ohne Mittler sprach, der mich für Seine Botschaft erwählte, der mich mit Hilfe Seiner Engel siegreich über Pharao sein ließ, der mir die Thora gab, die Gabriel mich zu schreiben lehrte, und der mich mit Seiner Liebe schmückte."

Und David sagte: „Gelobt sei Allāh, der mir die Psalmen eröffnete, mich lehrte, Eisen und alle anderen Elemente mit meinen bloßen Händen weich zu machen, und der mich für Seine Botschaft erwählte."

Und Salomon sagte: „Gelobt sei Allāh, der mir die Winde, die Dschinnen und Menschen unterwarf, mich die Sprache der Vögel lehrte, mir ein Königreich gab wie niemandem nach mir und mich mit all Seinen Engeln unterstützte."

Und Jesus sprach: „Gelobt sei Allāh, der mich aus einem Wort von Ihm zur Welt sandte, mich die Thora und die Evangelien lehrte, mich die Tauben, die Stummen und die Lepra-Kranken heilen ließ, mir mit Seiner Erlaubnis gewährte, die Toten zurückzubringen, und mich mit Gabriel und all Seinen Engeln unterstützte.

Und Muḥammad sagte: „Ihr alle lobt euern Gott. Auch ich lobpreise Ihn, der mich als Gnade für die Menschheit sandte und mir den Koran eröffnete, mir die Brust weit machte, meine Sünden herausnahm, mich erhob, meine Gemeinschaft und alle Menschen zu den Besten machte, die sein können, und mich ‚freundlich und barmherzig‘ nannte."

Da sprach Gabriel: „Deshalb Muḥammad, bist du der letzte der Propheten und eine Gnade für die Menschen. O Propheten und Engel, o kleine und große Geschöpfe, Allāh und Seine Engel schicken Segen und Grüße auf Seinen Propheten! So sendet auch Ihr viel Segen und eine größtmögliche Anzahl an Grüßen! Vermehrt eure Lobpreisungen. Lobpreis ist ein Engel mit zwei Augen und zwei Flügeln, der direkt zu Allāh fliegt und für den Rezitierenden um Vergebung bittet bis zum Jüngsten Gericht."

Dann setzte der Prophet seinen Weg fort, auf dem Burāq reitend und von all den Engeln begleitet, die gekommen waren, ihn zu begrüßen und zu begleiten. Wann immer er ein anderes Universum durchquerte, fand er die Engel dieses Universums vor, versammelt, ihn zu begrüßen und mit aller Art von Geschenken und Schmuck zu bekleiden. Sie kleideten ihn mit dem Mantel der Vollkommenheit und machten ihn zum Besitzer jedweder Schönheit.

Dann hörte der Prophet eine sehr machtvolle Stimme, die vom Erzengel Isrāfīl aus den Schleiern herrschaftlicher Macht und engelhafter Vollkommenheit kam: „O Paradiese und Himmel, o Engel! O

Berge und Bäume und Meere und Flüsse! O Monde,
Sonnen, Sterne, Planeten und Sternenkonstellationen!
Taucht ein in die Schönheit und Vollkommenheit des
Propheten. O Engel und Huris des Paradieses, geht
stolz! O Schöpfung, sei heute nacht glücklich, da wir
in unserer Gegenwart den Meister der Menschen und
das Siegel der Propheten empfangen."

Eine andere Stimme kam von einem Engel, der sich
Ishmael nannte, die sagte: „O himmlische Treppe, zeig
dich und komm herab!" Worauf die Himmelsleiter den
ganzen Weg vom Höchsten Paradies (Firdaus) herun-
terkam, bis sie den Tempel Salomons erreichte. Die
Streben der Leiter leuchteten mit zwei himmlischen
Lichtern, rotem Amethyst und grünem Jasper und
größter Vollkommenheit. Jeder Gläubige wird diese
Leiter sehen und sie ersteigen. Sie hat 200 Stufen und
geht vom Tempel auf zum ersten Himmel.

Gabriel rief den Burāq, und der Burāq erklomm
die erste Stufe. Dort sah der Prophet alle Arten von
Engeln in roter Farbe. Auf der zweiten Stufe sah der
Prophet Engel in gelben Kleidern. Auf der dritten Stufe
waren die Engel grün, und alle grüßten sie ihn und
gaben ihm himmlische Geschenke, die er nahm und
Gabriel als Pfand für die Gläubigen auf der Erde gab.
Auf der vierten Stufe kamen Botenengel und sagten:
„O Gabriel, steig weiter, denn der Herr wartet!" Und
der Prophet sah ihre feinen Körper leuchten und ihre
Gesichter funkeln wie Spiegel in der Sonne.

Dann erstieg er die fünfte Stufe und sah eine riesige
Welt von Engeln, die keinen Anfang und kein Ende

hatte. Sie alle lobpreisten Gott. Ihre einzigen Worte waren: „Es gibt keinen Gott außer Allāh."

Er fragte Gabriel: „Wieviel Engel sind dies?" Er fürchtete sich vor ihrer Anzahl.

Gabriel sagte: „Wenn die Himmel, die Erde, der Mond, die Sonne, die Sterne und die Galaxien zu Staub zermahlen und aufgestapelt würden, ihre Staubpartikel wären nicht ein Zehntel der Engel von dieser Stufe der Paradiesleiter."

Dann erklomm der Burāq die sechste Stufe, und dort erwartete den Propheten eine große Überraschung – es fand ein großes Ereignis statt, das jenseits aller Beschreibung war. Ein riesiger, strahlend weißer Engel saß auf einem Stuhl von poliertem weißem Gold, begleitet von einer Schar Engel, die mit weit aufgerissenen Augen furchtsam auf die Göttliche Majestät blickten. Der weiße Engel erhob sich und sagte: „O Muḥammad, willkommen! Ich bitte dich, meinen Sitz zu segnen, indem du auf ihm sitzt." Als der Prophet auf dem Stuhl saß, schmolz dieser aus Liebe zu ihm und wurde zu einer Wolke aus vielfarbigem Licht, die Allāhs Lob sang. Aus jedem Tropfen dieser Wolke erschuf Allāh noch einen Thron und noch einen großen Engel, der darauf saß.

Dann erstieg der Burāq die siebte Stufe, und der Prophet sah Engel, deren Licht das Licht seiner Vision überstrahlte, wie wenn jemand in die Sonne sieht und sein Sehvermögen weggenommen ist. Zu der Zeit konnte er all das sehen, was die Engel sahen. Dann stieg er auf die achte Stufe und sah ausschließlich Engel in der Niederwerfung. Um sie nicht zu stören, stieg er schnell auf die neunte Stufe. Auf der neunten Stufe sah er Engel jenseits jeder Beschreibung. Er erstarrte vor Furcht, unfähig, ihre Schöpfung zu begreifen. Da erschien ihr Führer und sagte: „O Prophet, wir bekleiden dich mit dem Geheimnis unserer Schöpfung und geben dir mit Allāhs Erlaubnis die Fähigkeit, alles zu verstehen."

Dann stieg der Prophet zur zehnten Stufe auf und sah die Engel, welche Allāh in allen Sprachen priesen, die seit Beginn der Schöpfung geschaffen worden waren. Der Prophet staunte über die grenzenlosen Schöpfungen. Auf der elften Stufe war die Zahl der Engel sogar noch größer als auf der fünften Stufe. Und aus ihnen glühte eine unendliche Anzahl von Farben, für jeden einzelnen von ihnen unterschiedlich. Auf der zwölften Stufe fand der Prophet Engel mit mondgleichen Gesichtern und Augen wie Sternen vor. Das Licht ihrer Gesichter verbarg ihre Worte. Auf der 13. Stufe erschienen die allerschönsten Engel. Dieses waren die Engel Allāhs, die Allāh mit sanften Stimmen priesen und sich außerirdischer Schönheit erfreuten. Ihre Musik war mit keiner anderen zu vergleichen. Wäre ein Ton davon auf Erden zu hören, ein jeder würde in Ohnmacht fallen.

Auf der 14. Stufe sah der Prophet den Engel Ishmael mit siebenhunderttausend Engeln, die auf Pferden ritten. Hinter jedem von ihnen war ein Bataillon von hunderttausend Engeln, die aus dem Attribut der Schönheit geschaffen waren. Es war die Pflicht jedes einzelnen dieser Engel, wenigstens einmal auf der Erde zu erscheinen, um sie mit der Schönheit in Berührung zu bringen.

Die 15. bis 24. Stufe waren unter dem Kommando des Engels Ruqyā'īl, groß und klein, schmal und breit. Die 25. bis 99. Stufe wurden vom Engel Qalā'īl bewohnt, zwischen jedem seiner Finger beten und lobpreisen ohne Unterlaß siebenhunderttausend Engel. Für jeden Lobpreis, den sie hervorbringen, kommen Stränge von Perlen aus ihren Mündern. Der Durchmesser jeder Perle ist 81 Meilen. Für jede Perle schuf Allāh einen Engel, sie zu bewachen und sie als Pfand für die Menschen zu bewahren, bis sie das Paradies betreten.

Dann sah der Prophet einen riesigen Thron aus reinem Gold auf fünf Pfosten stehen. Jeder Pfosten hat zwei Flügel. Jeder Flügel umfängt fünfmal die Sternenkonstellation unserer Welt. Auf jedem Flügel ruhen fünfzigtausend Engel, von denen jeder in unterschiedlichem Dialekt, doch in völliger Harmonie und mit einem Klang, der die Felsen der sieben Erden zum Schmilzen bringt, für die Menschen um Vergebung bittet. Aus jeder ihrer Tränen erschuf Allāh weitere fünfzigtausend Engel, deren Aufgabe es ist, auf gleiche Weise wie diese Engel um Vergebung zu bitten und in viel mehr Dialekten als sie. Dann sprach der Thron zum Propheten und sagte: „Ich und meine Schutzengel wurden geschaffen, die Menschen zu ihren Stationen im Paradies zu bringen." Dann lud der Thron den Propheten ein, sich auf ihn zu setzen. Als der Prophet saß, fühlte er eine Freude, wie er sie nie zuvor erlebt hatte.

Das erste Paradies:
der Wohnort des Friedens

Der Prophet erreichte die hundertste Stufe, wo er die Engel ihren Herrn im ersten Paradies loben und preisen hörte. Es wird Wohnort des Friedens genannt, Dār as-Salām, und hat 124 000 Tore. Jedes Tor repräsentiert einen Propheten. Gabriel klopfte an das Tor, welches für den Propheten Muḥammad reserviert war. Eine Stimme fragte von innen: „Wer ist da?"

Gabriel antwortete: „Gabriel und der Prophet Muḥammad."

Die Stimme sagte: „Wurde er gerufen?"

Gabriel sprach: „Ja, er wurde in die Göttliche Gegenwart gerufen."

Das Tor wurde geöffnet. Der Engel Ishmail kam auf einem Pferd aus Licht, mit Licht bekleidet, eine Lanze aus Licht haltend. Ishmael trug all die Taten der Menschen, die sie am Tag getan hatten, in seiner rechten Hand und in der anderen, was sie in der Nacht getan hatten. Tausend Prozessionen von Engeln begleiteten ihn.

Ishmael sagte: „O Gabriel, wer ist bei dir?"

Er antwortete: „Der Prophet Muḥammad."

Ishmael sagte: „Wurde er gerufen?"

Gabriel antwortete: „Ja."

Da wurde der Burāq eingeladen, im ersten Paradies zu landen, das der Erde nächste Paradies. Es wird auch der nächste Himmel genannt. Dieses Paradies kann mit einer fließenden Welle verglichen werden, die inmitten der Luft gehalten wird. Allāh sprach zu ihm und sagte: „Sei ein roter Smaragd", und es war so. Die Bewohner des ersten Paradieses sprechen ohne Unterlaß: „Gelobt sei der Besitzer der irdischen und himmlischen Reiche."

Dann schaute der Prophet auf das erste Paradies und sah einen Engel in männlicher Gestalt. Alle Taten der Menschen werden ihm gezeigt. Kommt die Seele eines Gläubigen zu ihm, schickt er ihn ins Paradies, kommt die Seele eines Ungläubigen zu ihm, bittet er um Vergebung für ihn. Wird Vergebung gewährt, schickt er ihn ins Paradies. Er hat eine Tafel aus Licht, die vom Thron bis zum ersten Himmel reicht. Auf sie schreibt er die Namen derer, die ins Paradies gesandt werden. Dann sah der Prophet einen Mann mit Engelskraft, zu dem er sich stark hingezogen fühlte. Als er fragte, wer der Mann sei, sprach Gabriel: „Dies ist dein Vater, Adam." Adam grüßte ihn und sprach zum Propheten: „Willkommen dem guten Sohn und dem rechtschaffenen Propheten."

Rechts und links von Adam sind zwei Türen. Schaut er nach rechts, ist er glücklich, und schaut er nach links, weint er. Der Prophet fragte, was das für Türen wären. Gabriel sagte: „Die rechte Tür ist die Tür zum Paradies und zur Belohnung. Wenn Adam seine Kinder dort eintreten sieht, ist er glücklich und lächelt. Die Tür zur Linken führt zur Strafe und ins Feuer. Wenn Adam seine Kinder dort hineingehen sieht, weint er und trauert um sie. Aus jeder seiner

Tränen schafft Allāh einen Engel, der um Vergebung bittet bis zum Tag, an dem Vergebung gewährt wird und sie das Paradies betreten dürfen." Dann begannen die Engel Poesie zu rezitieren:

> Ich sehne mich, den Einen zu seh'n, den Allāh erschuf,
> einzigartig in der Schöpfung zu sein!
> Niemand ist reiner noch erhabener als dieser,
> Allāhs Geliebter ist Sein Diener, der Gelobte,
> dessen Name geschnitten wurde
> aus dem Höchst Glorreichen Einen.
> Sein sind die Eigenschaften, die keine Zunge bezeugen kann.
> Genug ist die Ehre, daß für ihn der Mond sich teilte.
> Was mehr verlangst du, als daß Allāh seine Schönheit
> vollkommen macht?
> Und wahrlich, Allāh betraute ihn mit bestem Charakter.
> Und wahrlich, Allāh schuf sein Licht, der größte Segen zu sein.
> Und nannte ihn ,Geliebter', bevor er die Schöpfung zur Erscheinung brachte.
> Und wegen seines Lichts wurde die Sonne bewölkt,
> wegen seines überwältigenden Lichts,
> welches das Firmament füllte.
> Die Wolken boten ein Wunder dar
> und stoben wie eine wilde Herde,
> und Donner rollte und Regen ergoß sich

als Antwort seiner Bitte.
Was mehr willst du als das Erweichen des Felsens,
wenn er auf ihm ging mit Sandalenfüßen,
sah man doch nicht mal seine Spuren,
so er durch Sand schritt?
Allāh erhob ihn in Seine Gegenwart
und in die Welt der Engel.
Nur ihm zuliebe gibt es ein Paradies
und Himmel und Erde.
Welch Ehre erwies ihm Gott,
als er zehn Grüße jenen gab,
die ihm nur einen schickten!

Sie bewegten sich fünfhunderttausend Lichtjahre im Radius des ersten Paradieses. Der Burāq ging schneller als mit Lichtgeschwindigkeit, da jeder seiner Schritte soweit wie sein Blick reichen konnte. Die gesamte Fläche, die sie durchreisten, war mit Engeln gefüllt, deren Anzahl nur der Schöpfer kennt, die priesen und lobten ihn mit allen Arten von Lobpreis. Es gab keine Handbreit Platz, der nicht mit Engeln in der Niederwerfung gefüllt war. Sie hatten alle Größen, groß und klein. Eine Stimme sprach: „O mein geliebter Muḥammad! Alle diese Engel verherrlichen Mich. Ich schicke all dieses Lob als Ströme von Engelssegen, um die Menschen in ihrem Alltagsleben zu unterstützen. Diese Segnungen werden sie zu dem führen, das sie betrifft. Es wird ihnen alljede Art physischen und spirituellen Wissens eröffnen, welches ihnen helfen wird, sich in ihren Lebenswegen zu entwickeln, materiell und spirituell. Ich werde sie durch diese Engelskraft erheben und ihnen ermöglichen, Mein Paradies zu betreten, wenn sie in Meine Göttliche Gegenwart kommen."

Das zweite Paradies:
der Wohnort der Beständigkeit

Gabriel befahl dem Burāq, den Propheten zum zweiten Paradies zu bringen, dessen Name ,Wohnort der Beständigkeit', Dār al-Qarār, ist. Dann klopfte er an eines der Tore des zweiten Paradieses. Es war aus einem himmlischen Material gemacht, das keinen Namen in unserer Sprache hat. Der Engel Jarjā'īl kam mit tausend Prozessionen von Engeln, die eine noch großartigere und glücklichere Musik machten als die Engel des ersten Paradieses. Eine Stimme fragte:

„Wer ist da?"

„Gabriel."

„Wer begleitet dich?"

„Muḥammad, der Prophet der Barmherzigkeit."

Da wurde das Tor geöffnet. Der Prophet sah Engel, deren Gesichter wie die Sonnenscheibe waren, sie ritten auf Pferden und waren mit sprituellen Schwertern und Lanzen gerüstet.

Der Prophet fragte: „O Gabriel, wer ist das?"

Gabriel antwortete: „Das sind Engel, die Allāh erschuf, die Menschen gegen Teufel zu unterstützen. Ihr Lobpreis ist ,Ehre dem Herrn von Stärke und Macht', und sie tragen gelbe Turbane. Wenn sie Allāh preisen, bewegen sie ihre Turbane und strahlen ein gelbes Licht ab, welches das Sonnenlicht verstärkt. Sie strahlen noch ein anderes Licht ab, das die Teufel wegrennen läßt und aus dem Herzen der Gläubigen das Geschwätz verjagt."

Dann sah der Prophet zwei sehr attraktive Männer auf einem Thron aus rotem Rubin sitzen. Er fragte: „Wer sind sie?"

Gabriel sagte: „Das sind deine Verwandten Johannes und Jesus."

Jesus hatte einen rötlichen Teint, als ob er gerade aus dem Bad käme. Dann kamen Bataillone von Engeln zum Propheten, die ihn einer nach dem anderen begrüßten. Allāh weitete die Zeit auf eine Weise, daß eine Sekunde genug war, all die Engel zu begrüßen und mit ihnen zu beten, denn die Gebetszeit war gekommen. Jesus und Johannes sagten dem Propheten Lebewohl, und Gabriel befahl dem Burāq, ins dritte Paradies zu gehen.

Das dritte Paradies:
der Wohnort der Ewigkeit

Der Prophet durchmaß den Raum weitere fünfhunderttausend Lichtjahre lang, bis sie das dritte Paradies erreichten. Es wird ‚Wohnort der Ewigkeit‘ genannt. Als sie ihr Ziel erreichten, hörten sie gewaltige Stimmen, die um sie herum donnerten. „Das ist der Klang von Engeln, die ihren Herrn preisen", sagte Gabriel. Als sie näher kamen, hörten sie die Musik der Engel, durch welche sich alles im Orbit der himmlischen

Welten bewegt. Gabriel hielt an der Tür aus reinem, polierten, himmlischen Kupfer an. Er klopfte. „Wer ist da?" fragte eine Stimme hinter der Tür.

„Gabriel, der Muḥammad bringt."

„Wurde er gerufen?"

„Ja." Und die Tür wurde geöffnet.

Der Prophet trat ein. Er sah einen Engel, der jeden Augenblick seine Form in eine andere umwandelte. Wenn er sich wandelte, änderte sich auch seine Farbe. Er schien gleichzeitig wie ein Blitz zu schießen und doch unbeweglich wie eine laufende Serie von Bildern zu sein, wo jedes Bild fest an seinem Platz ist. Hinter dem Engel sah der Prophet siebenhunderttausend Engel, die sich alle wie der erste bewegten, von einem farbigen Bild zum anderen, wie unzählige Kaleidoskope. Ihre Füße reichten bis zu den sieben Erden. Ihr musikalisches Lobpreisen war: „Ehre dem Lebendigen, dem Aus-Sich-Selbst-Bestehenden, der niemals stirbt." Die Melodie ihrer Lobpreisung bewegte sämtliche Himmel zu unsäglicher Freude, welche auf die Erde und ihre Bewohner Gnade ergoß. Der Prophet fragte Gabriel, ob die Menschen diese Musik hören könnten. Der Engel sagte: „Jeder, der seine Engelskraft öffnet und sich mit uns verbindet, wird diese Melodie hören und die Belohnung empfangen, die wir für die Ausführung dieser Huldigung bekommen."

Dann rezitierte der Engel:

Geheime Wirklichkeit! Engelsherz von Licht,
Königreich der Macht, leuchtend in unerschütterli-

chem Licht, fest im Fundament, in der Schönheit
vollkommen,

Seine Essenz, herabgekommen von Adams Herz
auf dem Thron,

so wie der Allbarmherzige auf Seinen Thron her-
abkam.

Die Essenz des Engelslichts in Adam offenkundig,

mit ihm verbunden erfülltes Gottvertrauen,

das Versprechen, das Er der ganzen Menschheit
machte.

Hier erschien Wissen vom Licht Allāhs,

nur auserwählten Heiligen bekannt, denn nur sie
alleine können sehen.

Wo sein Wissen glüht, flieht die Unvollkommen-
heit,

und alle weltlichen Belange schwinden und vergehen.

Hier endet und beginnt der Ort des Nahgezogen-
Werdens,

Wo die Reinen sich niederließen wie Licht über
Licht.

Als sie weitergingen, sahen sie einen ansehnlichen
Mann, vor dessen Schönheit alles verblaßte. „Dies
ist Josef, der Prophet", sagte Gabriel. Der Prophet
Muḥammad näherte sich ihm und begrüßte ihn. Josef
beantwortete die Grüße mit den feinsten himmlischen
Grüßen. Gabriel sprach: „Aus Josefs Schönheit kam
die Schönheit aller Menschen. Er ist die Schönheit des
Vollmondes, der Sonne und der Sterne."

Die Sehnsucht nach der Schönheit der Engel wird die Herzen der Hartherzigen schmelzen. Die schwachen Herzens sind, dürfen nicht hoffen, sich seinem Geheimnis zu nähern, da sie unverzüglich unter seine Gewalt geraten und in ihr auslöschen werden. Das ist die Bedeutung der Süße schmerzvoller Liebessehnsucht. Die Nähe der Schönheit ist noch süßer als ihre Umarmung und ihr Besitz. Denn den Geliebten zu besitzen, bedeutet Befriedigung des niederen Selbst, wo es doch besser ist, um des Geliebten willen im Schmerz gefangen zu bleiben, statt in Wohlgefühl und Zufriedenheit.

Hinter Josef sah der Prophet eine große Menschenmenge, sie alle trugen strahlende Engelsgewänder. Der Prophet fragte: „Wer sind diese Menschen, o Gabriel?"

Er antwortete: „Nach Josef erschuf Allāh siebenhunderttausend Pfosten im Paradies. Auf jedem von ihnen sind siebenhunderttausend rote Edelsteine. Jedes Juwel enthält siebenhunderttausend Paläste. In jedem Palast sind siebenhunderttausend Räume. In jedem Raum sind siebenhunderttausend Fenster. Diese Räume werden von Menschen bewohnt, die Engelskräfte haben und die ihr Leben in der Liebe füreinander und für die Natur verbringen. [Allāh spricht:] ‚Ihre Herzen sind mit Liebe zu Mir gefüllt. Und ihnen fehlt jedes niedere Verlangen. Sie verzehren sich nach Mir, und Ich verzehre mich nach ihnen.' Aus ihrer Schönheit erstrahlt ein großes Licht, so wie die Sonne in den Fenstern des Himmels erscheint und ihr Licht auf die Menschen auf Erden wirft.

Dann sagen die Paradiesbewohner: ‚Laßt uns zu den Liebenden Allāhs laufen!‘ Sobald sie diese erreichen, schmücken die Liebenden sie mit allen Arten von Regenbögen und Lichtfluten. Sie geben ihnen Kleider aus grüner Seide, welche die Eigenschaften jener symbolisieren, die sich vervollkommneten und von Allāh angenommen wurden.“

Das vierte Paradies:
der schützende Garten

Gabriel rief zum Gebet. Der Prophet leitete das Gebet für alle Bewohner des Paradieses. Dann bewegte sich der Burāq fünfhunderttausend Lichtjahre weiter, indem sie zum vierten Himmel reisten, der ‚der schützende Garten‘, Jannat al-Mā’wa, genannt wird. Dort hörten sie eine Stimme, in der sich Engel und Geister mischten. Die Tür des Propheten war aus Silber auf einem Grund aus Gold. Wieder fragte die Stimme hinter der Tür: „Wer ist da?“

Gabriel antwortete: „Muḥammad.“

„Wurde er gerufen?“

„Ja.“ Und die Tür öffnete sich. Der Prophet sah Engel, die standen und saßen, lagen und sich verneigten, lobpreisten und sagten: „Ehre dem heiligsten König, Herrn der Engel und des Geistes!“

Der Prophet fragte Gabriel: „O Gabriel, ist das nicht das Gebet meines Großvaters Abraham?“

Gabriel sagte: „Ja, so pflegte dein Großvater zu beten. Allāh war über dieses Gebet so glücklich, daß er eine Heerschar von Engeln schuf und den vierten Himmel mit ihnen füllte. Er befahl ihnen das gleiche Gebet zu wiederholen. Wenn jemand von den Menschen dieses Gebet spricht, wird Allāh ihn entsprechend der Menge dieser Engel belohnen."

Dann sah der Prophet zwei Engel, einen aus durchsichtigem Kristall wie Quellwasser und einen von größerer Dichte wie Salzwasser. Gabriel sagte: „Einer ist der Engel des Süßwassers. Er trägt alle Seen und Flüsse dieses Universums auf seinem rechten Daumen. Der andere ist der Engel des Salzwassers. Er trägt alle Ozeane dieses Universums auf seinem linken Daumen. Dies sind die Engel, die dafür zuständig sind, jede Kreatur der Schöpfung mit Wasser zu versorgen, süßem oder salzigem. Sie treffen sich, ohne sich zu vermischen, wie Allāh sagte:

Der Herr der beiden Osten und der beiden Westen! Welche der Wohltaten eures Herrn wollt ihr beide da wohl leugnen? Den beiden Wassern, die sich begegnen, hat Er freien Lauf gelassen. Zwischen beiden ist eine Schranke, die sie nicht überschreiten. (55:17-20)

Hinter ihnen sah der Prophet Engel in Vogelgestalt, die am Ufer eines großen Paradiesflusses standen. Wenn ein Mensch auf der Erde sagt: „Es gibt keinen Gott außer Allāh", öffnet einer dieser Vogelengel seine Flügel. Sagt die Person: „Ehre sei Allāh", geht der Vogelengel in den Fluß und schwimmt in ihm. Wenn die Person sagt: „Gelobt sei Allāh", taucht der Vogelengel ins Wasser. Sagt die Person: „Allāh ist groß", kommt der Vogelengel aus dem Wasser heraus. Wenn die

Person sagt: „Es gibt keine Kraft oder Macht außer bei Allāh", wird der Vogelengel das Wasser abschütteln, und siebzigtausend Wassertropfen werden von ihm kommen, aus denen Allāh einen Engel schafft, der für diese Person bis zum Jüngsten Gericht um Vergebung bittet. Zusätzlich gibt Allāh ihm vierzigtausend Belohnungen, die in sein Buch geschrieben und für ihn bis zu seiner Auferstehung aufbewahrt werden.

Der Prophet sah einen Mann, der gegen die Bücher der Menschen lehnte, in denen all ihre Taten aufgeschrieben waren. Der Prophet fragte: „Wer ist das?" Gabriel sagte: „Das ist der Prophet Idrīs."

Der Prophet näherte sich Idrīs und begrüßte ihn. Idrīs grüßte zurück und sagte: „Willkommen dem frommen Bruder und vollkommenen Propheten." Über ihm sah der Prophet eine Kuppel aus Licht, auf der geschrieben stand: „Es gibt keinen Gott außer Allāh, und Muḥammad ist Sein Prophet." Der Prophet sah hinein und erblickte einen ehrwürdigen alten Mann mit weißem Bart, der von Licht erfüllt und mit einem weißen Turban gekrönt war. Er fragte: „Wer ist dies, o Gabriel?" Er antwortete: „Das ist ein Engel, der den Propheten Idrīs repräsentiert."

Der Prophet grüßte ihn und sprach: „O mein Bruder! Allāh hat dich erhoben und dich geehrt. Du hast das Paradies vor mir betreten und seine Freuden gesehen."

Idrīs sagte: „O Geliebter. Zuerst habe ich weder das Paradies betreten noch seine Freuden gesehen. Doch als ich diese Welt verließ, betrat ich einen Garten, auf

dessen Tor stand: ‚Durch diese Tür darf niemand vor
Muḥammad und seiner Gemeinde eintreten‘, da bat
ich Allāh: ‚Um meines Enkels Muḥammad willen, laß
mich ein.‘ Allāh ließ mich hinein, so bin ich wegen dir
an diesem Platz.“ Dann rezitierte Idrīs:

Diese Station von allen zum Schutz aufgesucht,
dieser erhabene Platz, wo alle Menschen sich ruhig
    verbeugen,
dort steht der edle Gesandte
mit Weisheit und Macht,
Station der Führung, Engelslicht,
und wo die Hoffnungslosigkeit der Nacht und die
    Trauer der Waisen
auf eins sind ausgelöscht,
dies ist die Station direkter Verständigung
und fester Grund für die, denen das Erreichen
    bestimmt ist.
Der Allbarmherzige nannte ihn Seinen Geliebten,
und er ist der Geliebte des Universums,
und von seinem Licht
kam das Licht allen Lebens.

Das fünfte Paradies:
der Garten der Schönheit
und Glückseligkeit

Der Prophet reiste fünfhunderttausend Lichtjahre,
wonach er das fünfte Paradies erreichte, welches der
Garten der Schönheit und Glückseligkeit, Jannat an-

Naʿīm, genannt wird. Sein Tor ist aus Gold und Silber des Himmels gemacht.

Gabriel klopfte an die Tür, und eine Stimme fragte: „Wer ist da?"

„Gabriel, der den Propheten Muḥammad bringt."

„Wurde er gerufen?"

„Ja."

„Willkommen, o Geliebter, im fünften Paradies!"

Das Tor öffnete sich, und der Prophet sah fünf wunderschöne Damen, deren strahlendes Licht sie unter ihren Dienern wie Diamanten von Perlen umgeben erscheinen ließ. Sein Herz wurde zu ihnen hingezogen. Er fragte Gabriel: „Wer sind diese Damen?"

Er antwortete: „Dies ist Eva, die Mutter der Menschen. Das ist die Jungfrau Maria, Jesu Mutter. Das ist Mose Mutter Yukabid. Und dies ist Asiya, Pharaos Frau." Die fünfte Frau sah aus wie eine Sonne unter Sternen. Ihr Licht strahlte über den Rest der Bewohner dieses Paradieses wie eine milde Brise durch die Blätter eines Baumes streicht. Gabriel sagte: „Dies ist ein Engel, der deine Tochter Fāṭima repräsentiert, o Prophet!"

Der Prophet fragte: „Gabriel, was ist das Geheimnis von diesem Paradies?"

Gabriel sagte: „Allāh erschuf dieses Paradies, um die Schönheit und Vollkommenheit der Frauen widerzuspiegeln. Das Licht dieses Paradieses ist die Quelle des Engelslichts aller Frauen auf Erden. Frauen wurden erschaffen, um das Geheimnis der Schöpfung in sich zu tragen. Allāh hat sie hoch geehrt, indem Er ihre Leiber zum Aufbewahrungsort Seines Wortes gemacht hat, welches den Geist darstellt. Er schaut auf den heiligsten Platz, und dort kommen Seine Gnade und Sein Segen herab. Er vervollkommnete diesen Platz und bedeckte ihn mit drei schützenden Schichten, um ihn vor jeder Zerstörung zu bewahren. Das erste ist eine Schicht aus Licht, das zweite eine Schicht aus Liebe, das dritte eine Schicht aus Schönheit. Dort formt und kreiert Er Menschen nach seinem Vorbild, wie der Prophet sagte: ‚Allāh erschuf Adam nach Seinem Bild‘. Er befiehlt dem Engel des Mutterleibes, die Schöpfung vollkommen zu machen und dem Baby Leben, Schönheit, Intelligenz und alle Arten vollkommener Eigenschaften zu geben, so daß sich jedes unter den Menschen voneinander unterscheidet.

Frauen sind nicht schwächer als Männer geschaffen, jedoch großzügiger als diese. Sie sind schöner und weniger ungestüm, denn Schönheit haßt es, andere zu verletzen und ihnen zu schaden. Deshalb erscheinen sie schwach, doch in Wahrheit sind sie es nicht. Engel sind die stärksten der geschaffenen Wesen. Frauen sind der Natur der Engel näher als Männer, da sie offener sind, das Engelslicht zu tragen. Es ist ihr gutes Benehmen und ihre geistliche Orientierung, die sie weniger kraftvoll als Männer sein läßt. Trotzdem sind sie sogar physisch extrem stark. Dem Kinde zuliebe erdulden sie bei der Geburt großen Aufruhr in ihrem Körper, ohne zurückzuschrecken, und sie stellen sich furchtbaren körperlichen Bedingungen erfolgreicher als Männer, da Allāh sie stark machte, um das Überleben von Generationen sicherzustellen.

Allāh gab Frauen Engelsqualitäten, welche Männer selten haben. Sie sind die Quelle des Friedens, wie Allāh sagte, er schuf sie, „so daß ihr Frieden bei ihnen findet."

Zu Seinen Zeichen gehört auch, daß Er euch Gattinnen aus euch selbst schuf, damit ihr bei ihnen ruht. Und Er hat zwischen euch Liebe und Barmherzigkeit gesetzt. Darin sind fürwahr Zeichen für nachdenkliche Leute. (30:21)

Dieses ist die Eigenschaft des ersten Paradieses, das ‚Wohnort des Friedens' genannt wird. Sie sind Oasen der Beständigkeit inmitten von Chaos und Veränderung. Deshalb gebären sie. Die Mutter nährt und schützt das Baby verläßlicher als der Vater. Dies ist die Eigenschaft des zweiten Paradieses, das ‚Wohnort der Beständigkeit' genannt wird. Sie bewahren die Menschheit vor dem Aussterben. Durch ihre Nachkommen schafft Allāh engelhafte Propheten und Heilige, die seine immerwährende Erinnerung auf Erden einrichten, so wie es die Engel im Himmel tun. Dieses ist die Eigenschaft des dritten Paradieses, welches ‚der Wohnort der Ewigkeit' genannt wird. Sie sind großzügig und freigiebig. Sie werden in allen Schriften als ‚fruchtbares Land' beschrieben, da sie geben, ohne zu rechnen, selbst ihr Leben. Sie opfern sich zum Wohle eines anderen Geschöpfes, und dies ist die Eigenschaft des vierten Paradieses, das ‚der schützende Garten' genannt wird. Schließlich sind sie die Quelle der Schönheit. Durch ihre Sanftmut und

ihre Feinheit hat Allāh die Erde mit einem Diadem
von engelhafter Anmut gekrönt. Dies ist die Eigenschaft des fünften Paradieses, welches ‚der Garten der
Schönheit‘ genannt wird.

Das sechste Paradies:
der Garten Eden

Wieder reiste der Prophet auf dem Burāq fünfhunderttausend Jahre lang. Auf dem Weg zum sechsten
Paradies, welches „Der Garten Eden", Jannat al-'Adn,
genannt wird, sah er Gemeinschaften und Nationen
safranfarbener Engel, die auf pinkfarbenen Marmor-
podesten standen. Sie hatten eintausend Flügel, und
auf jedem Flügel waren eintausend Gesichter. Jedes
Gesicht hatte eintausend Münder, die sagten: „Preis
sei dem Herrn der Majestät und Pracht!"

Gabriel klopfte ans Tor des sechsten Paradieses,
das aus Aquamarin und Gold gefertigt war. Auch hier
fragte eine Stimme von hinter der Tür, wer da wäre,
und die Antwort war: „Gabriel, der den Propheten
bringt."

„Wurde er gerufen?" fragte die Stimme. „Ja", antwortete Gabriel. Die Tür wurde geöffnet. Der Prophet
trat ein, und was er sah, überstieg alle Vorstellungen
und alle Überlieferungen, Fabeln, Legenden und
Geschichten. In absoluter Stille schimmerten goldene Sterne mit eingelegten Perlen. Unter jeder Perle
drehten sich fünfzigtausend Engel in einem See von
Galaxien, die einen himmlischen Ton produzierten,

vergleichbar mit aber Millionen Vögeln, die zusammen mit dem Summen von aber Millionen Bienen tönten. Alles bewegte sich mit Lichtgeschwindigkeit, doch gleichzeitig war alles ruhig und still. Alle Engel sprachen gleichzeitig zum Propheten Begrüßungsworte in unterschiedlichen Sprachen, doch deutlich und klar und ohne aneinanderzugeraten. Ihre Worte waren in Diademen und Girlanden aus Licht gereiht, die der Prophet eine nach der anderen auf seinem Kopf und um seinen Nacken trug. Ein riesiger Engel namens Semlā'īl erschien am Kopf von zehntausend Prozessionen gleicher Engel, die trugen eine Krone aus vielfarbigem Granat und lobpriesen Allāh in Engelszungen, die jeden Engel abwechselnd ohnmächtig werden und wieder aufstehen ließen. Dies waren die Karubiyyūn oder Cherubim, „die Gottesnahen". Der Intensität ihres Lichtes wegen, das sie dem Einen entlehnen, den sie erblicken, kann niemand auf Erden sie lebend sehen. Der Prophet fragte: „O Gabriel, was ist das für ein reiner himmlischer Klang?"

„O Prophet", antwortete Gabriel, „dies ist die Musik der Engelgeister in Allāhs Gegenwart, die wie Blätter zittern und sich nicht trauen, sich zu bewegen oder zu sprechen, ehrfurchtsvoll und ausgelöscht in Vollkommenheit, jedoch belebt und bewegt durch göttliches Licht. Sie eilen zur Göttlichen Gegenwart und melden dein Kommen."

Der Prophet erblickte einen honigfarbenen Engel von erstaunlicher Schönheit und noch größerer Majestät, so daß seine Majestät seine Schönheit übertraf.

Er hatte eine lange Haarmähne und einen langen Bart, aus welchem Licht schoß wie Funken von Blitzen. Er hatte ein strenges Gesicht und doch die Augen eines Kindes. Seine ungeheure Brust hob und senkte sich unter seinem himmlischen Brokathemd wie ein kochender Vulkan. Als der Prophet sich nach ihm erkundigte, sagte Gabriel: „Dies ist dein Bruder Moses. Er ist derjenige, welcher auf dem Berg Sinai sechsmal betete, um ein einfacher Diener deiner Gemeinde zu sein. Er ist der Bezwinger von Tyrannen und das Geheimnis seines Vaters Jakob. Allāh bestimmte ihm den Charakter eines feurigen Dieners. Deshalb kam er nah an den brennenden Busch und hatte keine Angst, als sein Herr ihn sprechen wollte."

Moses weinte und sprach zum Propheten: „O Prophet der letzten Gemeinde, halte Fürsprache für mich und mein Volk!"

Der Prophet sagte: „Warum weinst du, o mein Bruder Moses?"

Der antwortete: „Ich weine aus Liebe zu dir und wegen der großen Ehre, in die Allāh dich erhoben hat, und der deine Gemeinde durch unzählige Menschen groß machte und andere Gemeinden sehr klein, selbst meine. O Muḥammad, du bist das Siegel der Propheten und das Licht der Schöpfung. Allāh erhebt dich heute in Seine Gegenwart auf eine Stufe, die niemand sonst erreichen kann. Denk dort an mich, da Allāh dich zum Fürsprecher für alle Menschen machte, die Propheten von Adam bis Jesus eingeschlossen." Dann rezitierte er:

O Prophet, entsprungen aus Hāshims Linie,
Sein Liebender, hochgepriesen, Siegel jedes Buches,
    das der Menschheit geoffenbart wurde.
Eröffner verborgenen feinen Wissens,
    der den Burāq bestieg, zu seinem Herrn aufzustei-
        gen,
dem Gott, in dessen Gegenwart niemand zuvor sich
aufgehalten hatte.
Nähere dich dem Platz, dem nur die Engel sich
    nahen,
o Gesandter Allāhs, vor dem sich Wind und Wolken
    bewegen,
und öffne weit Myriaden von Wegen zu himmli-
    schem Licht.
Um deine Fürsprache bitten und sehnen sich
    menschliche Seelen,
o Prophet, bei dessen Blick die Engel sich freuen!
Für dich wurde das Paradies geschaffen und ge-
    schmückt,
Für dich wurde der weit entfernte Lotusbaum ge-
    schaffen zu stehn
und die Frucht der Hingabe in jedem Land zu tragen.
O Geliebter Muḥammad, möge Allāh uns gewähren,
immer zu deiner edlen Gemeinschaft zu zählen.

Das siebente Paradies:
das Paradies der Paradiese

Nach einer Reise von fünfhunderttausend Lichtjahren
erreichte der Prophet das siebte Paradies, dessen Dach

den himmlischen Thron berührt und welches ‚Paradies der Paradiese' genannt wird. Er klopfte an das Tor, das aus reinem Smaragd, Topas, Beryll und Gold gemacht war. Nachdem er eingetreten war, sah er noch eine Tür aus Licht. Daraus ertönten die Lobpreisungen von Gruppen verborgener Engel, bei deren Anblick man aus Furcht ihrer intensiven Schönheit wegen sterben würde. Ihr Gebet war einfach, ‚gepriesen sei der Erschaffer des Lichts!' Mehr über sie zu sagen, ist nicht gestattet. Der Prophet grüßte sie mit den Friedensgrüßen und ging durch die Tür aus Gold zu einer Kuppel aus Licht, die alle vorherigen Himmel umfaßte, obgleich die Entfernung, die er zwischen dem sechsten und dem siebten Himmel zurückgelegt hatte, die gleiche war wie zwischen den jeweils anderen Stufen des Paradieses.

In der Kuppel sah der Prophet ein engelhaftes Wesen, welches ihm aufs Haar glich und das sich gegen eine Wand aus weißer Seide lehnte, die sich wie ein Wasserfall zu bewegen schien und doch fest stand. Der Prophet fragte, wer das sei, und Gabriel sagte: „Dies ist dein Großvater Abraham, der Führer derjenigen, die reinen Herzens sind, und ein Großer unter den Propheten."

Abraham sprach: „Willkommen dem frommen Sohn und vollkommenen Propheten!" Um Abraham herum standen gekrönte Engel. Jede ihrer Kronen hatte 400 Diamanten, jeder wertvoller als alles, was es auf Erden gibt. Ihnen zu Diensten standen Engelscharen, die mit dem Licht der vorherigen Engel gekrönt waren, und sie alle lasen den Thronvers. Gabriel sagte: „Dieses ist der Vers, der das Universum fest in der Balance hält. Dies ist das Geheimnis der Schöpfungsordnung." Und die Engel rezitierten:

Allāh! Es gibt keinen Gott außer Ihm, dem Lebendigen, dem Beständigen! Ihn überkommt weder Schlummer noch Schlaf. Sein ist, was in den Himmeln und was auf Erden ist. Wer ist es, der da Fürsprache bei Ihm einlegte ohne Seine Erlaubnis? Er weiß, was zwischen ihren Händen ist und was hinter ihnen liegt. Doch sie begreifen nichts von Seinem Wissen, außer was Er will. Weit reicht Sein Thron über die Himmel und die Erde, und es fällt Ihm nicht schwer, beide zu bewahren. Und Er ist der Hohe, der Erhabene. (2:255)

Das gesamte Universum, die Heerscharen der Engel des siebten Himmels, die Engel der Gnade und die Engel des Zorns, die Engel der Schönheit, die nahgebrachten Engel, die großen und kleinen Engel, die sichtbaren und die unsichtbaren Engel und die Menschen, deren Seelen gereinigt und zur Göttlichen Gegenwart erhoben worden waren, die Propheten und die wahren Heiligen, die Märtyrer, die Aufrichtigen, die gesamte Schöpfung umkreiste das Gebäude, an dem Abraham lehnte, und drehte und wendete sich in die gleiche Richtung, wie jeder himmlische Körper gegen den Uhrzeigersinn um die Kaaba der Himmel kreist. Der Prophet sagte: „O Gabriel, wie großartig sind die unglaublichen Wunder meines Herrn!", und Gabriel antwortete: „O Muḥammad, du hast nur einen flüchtigen Blick der Wunder Allāhs erhascht."

Der Lotusbaum
der entferntesten Grenze

Der Prophet und Gabriel reisten weiter, bis sie die absolute Grenze des geschaffenen Verstandes erreichten, die ‚der Lotusbaum der entferntesten Grenze' genannt wird. Was sie dort sahen, kann die Zunge nicht beschreiben. Der Effekt, den der Anblick auf den Propheten hatte, ist ein Geheimnis, das in seinem Herzen stattfand. Von oben kam ein Klang zu ihnen, der etwas des Erstaunens des Propheten auflöste. Da sah er einen großen Baum, der keinem der Bäume im Paradies gleich ist, ein Baum ohne Beschreibung, der alle Paradiese, Himmel und Universen bedeckte. Der Stamm des Baumes war ein riesiger Engel namens Samrafil. Der Prophet konnte nichts anderes sehen. Der Stamm wuchs aus einem unendlichen, unvorstellbaren, unbeschreiblichen Ozean aus Moschus. Der Baum hatte unzählige Äste, die aus einem himmlischen Stoff geschaffen waren, für den es in der geschaffenen Sprache keinen Namen gibt. Der Abstand von einem Ast zum anderen war fünfhunderttausend Lichtjahre. Auf jedem Ast befanden sich unendlich viele Blätter. Würden alle geschaffenen Universen auf eines dieser Blätter gesetzt, würden sie verschwinden wie ein Atom im Ozean von Wasser. Auf jedem Blatt saß ein riesiger Engel in einem vielfarbigen Licht. Auf ihren Köpfen waren Kronen aus Licht, und in ihren Händen hielten sie Lichtstäbe. Auf ihren Stirnen stand geschrieben:

„Wir sind die Bewohner des Lotusbaumes." Auf ihren Lippen hatten sie das Loblied „Preis sei Gott, der kein Ende hat." Sie hießen die ‚Seraphim‘, ‚die Geheimen‘, da sie aus dem vollkommenen Geheimnis ihres Herrn geschaffen sind.

Dem Stamm des Baumes entsprangen vier Quellen. Die erste war reines, durchsichtiges kristallenes Wasser, die zweite ein Fluß aus weißer Milch, die dritte ein Fluß aus angenehmem klarem Wein, der erhebt, ohne zu erniedrigen, die vierte war ein Fluß aus reinem Honig gemischt mit Gold. Im Inneren des Stammes war Gabriels Gebetsnische, und seine ständigen Lobesworte sind: „Allāh ist groß! Allāh ist groß!" Auf welche immer die Antwort von oben kommt: „Ich bin größer! Ich bin größer!" Dann betrat Gabriel die Gebetsnische und rief zum Gebet. Alle Seraphim standen in Reihen, und der Prophet leitete sie im Gebet an. Das Gebet endete, und allen Seraphim wurde befohlen, einer nach dem anderen den Propheten zu grüßen. Danach kam ein großer Engel hinter Gabriels Gebetsnische hervor und bat den Propheten näherzukommen.

Der Prophet und Gabriel betraten den Stamm des Baumes und erreichten in einem Augenblick die Sicht auf die gesamte Schöpfung. Oben auf dem Baum sahen sie Adam und Eva, Noah, Abraham, Moses, Jesus und alle anderen Propheten, die sie gerade besucht hatten. Mit ihnen sahen sie alle ihre künftigen Nationen, im Geiste vereint mit denen der Nation des Propheten, die schon diese Welt verlassen hatten. Alle saßen dort zusammen, waren glücklich und sonnten sich in der Liebe und Schönheit der Gnade ihres Herrn und lobten Ihn. Dieser Lotusbaum enthält alles Wissen der göttlichen Schöpfung seit Beginn ihres Erscheinens in der Zeit. Alles, was geschaffen wurde, ist Teil von ihm und in ihm enthalten. Er wurde ‚Baum der entferntesten Grenze' genannt, da alles in ihm endet und danach ein neues Leben beginnt. Allāh schmückt ihn mit dem Licht Seiner eigenen Essenz. Er hat drei Merkmale: einen ständigen Lichtkranz, der sich auf die ganze Schöpfung ausbreitet, eine ständig währende Freude, die jeden durch die Früchte seiner Zweige erreicht, und einen immerwährenden Duft seiner Blüten, der das Leben der Schöpfung mit Schönheit duften läßt.

Dann reisten der Prophet und Gabriel weiter. Ein ernster und strenger Engel erschien und bedeckte den Horizont vor ihnen. Gabriel sagte: „O Prophet, dies ist der Todesengel, Azrā'īl." Der Todesengel sagte: „Willkommen, o Muḥammad, der du das Gute trägst, und willkommen allen Propheten und ihren Nationen. Dieses ist der Platz, von wo aus ich auf das Schicksal jedes Menschen blicke und die Seele aus denen ziehe, von denen mir befohlen ist, sie zum ewigen Leben zu bringen."

Der Prophet fragte: „Sag mir, wie du die Seelen der Sterbenden nimmst."

Der Engel des Todes eröffnete dem Propheten: „Wenn Allāh mir befiehlt, die Seele eines Menschen in der letzten Stunde seines Lebens und der ersten Stunde seines Nachlebens zu nehmen, sende ich ihm meine Stellvertreter, die den Duft des Paradieses und einen Zweig des Paradiesbaumes mitnehmen und ihm zwischen die Augen legen. Wenn dieser süße Duft ihn erreicht und er einen kurzen Blick des himmlischen Zweiges erhascht, fühlt sich sein Geist angezogen, und seine Seele beginnt, zum Paradies aufzusteigen, bis sie seine Kehle erreicht. Dann steige ich von meinem Platz herab und nehme seine Seele mit größter Vorsicht, da Allāh für Seinen Diener diesen Moment leicht haben möchte. Dann bringe ich seine Seele ins Paradies. Wenn wir auf dem Weg an Engeln vorbeikommen, grüßen sie seine Seele und heißen sie willkommen, bis sie die Göttliche Gegenwart erreicht. Dann sagt Allāh der Erhabene zu dieser Seele: „Willkommen einer guten Seele, die ich in einen guten Körper gegeben habe. O meine Engel, schreibt diesem Menschen den oberen Rang des Paradieses als Belohnung an."

Dann nehmen Engel ihn hoch ins Paradies, wo er sieht, was Allāh für ihn vorbereitet hat, und er wird glücklich sein, sich dort zu befinden. Dann befiehlt Allāh der Seele, in ihren Körper auf Erden zurückzugehen, wo sie sehen kann, wie die Menschen ihn waschen, um ihn weinen und alle, die ihn lieben, um ihn stehen, bis der Körper zum Grab gebracht wird. Dort spricht die Erde zu ihm: ‚Willkommen, mein Geliebter! Ich sehnte mich schon nach dir, als du noch auf mir warst. Nun bist du in mir, und ich werde dir zeigen, was ich dir geben werde.'

Unverzüglich wird das Grab weiter, als man sehen kann, vergrößert, bis die beiden Grabesengel kommen und sie über ihren Herrn und ihren Glauben befragen. Mit Allāhs Erlaubnis wird er ihnen die richtigen Antworten geben. Zu diesem Zeitpunkt werden sie ihm eine Tür öffnen, die ins Paradies führt, und seine Seele wird wieder zurück hinaufgehen zur gleichen Stelle, an der Allāh ihn zuerst in Seine Gegenwart rief."

Ich erinnere, als der Tod uns getrennt hatte.
Ich stärkte mich mit dem Gedanken an meinen
    geliebten Propheten.
Ich sagte: Jeder von uns geht eines Tages diesen
    Weg.
Wer nicht heute stirbt, stirbt morgen.
Sei glücklich, meine Seele, denn dein Herr wartet
    auf dich
Und der Geliebte ruft dich.

Dann ritt Gabriel weitere fünfhunderttausend Lichtjahre weiter auf dem Rücken des Burāq, bis sie einen Platz erreichten, wo Gabriel das Tempo verlangsamte. Der Prophet sagte: „O Gabriel, warum wirst du langsamer? Verläßt du mich?"

Gabriel antwortete: „Weiter kann ich nicht gehen."

Der Prophet sagte: „Gabriel, laß mich nicht allein."

„O Muḥammad", sprach Gabriel, „du mußt nun vom Burāq absteigen und zu einem Platz gehen, an welchem niemand vor dir war."

Da hielt der Burāq an und konnte nicht weitergehen. Der Prophet stieg ab und bewegte sich zögernd voran.

Gabriel sagte: „O Prophet, geh voran ohne Furcht. Ginge ich mit dir, würde ich von der Größe des Lichtes ausgelöscht."

Der Prophet ging weiter. Er sah Michael vor sich stehen, vor Furcht zitternd. Das Licht seines Gesichts änderte sich schnell von einer Farbe zur anderen. Der Prophet fragte: „Michael, ist dies dein Standort?"

„Ja", antwortete Michael, „und wenn ich ihn über-schritte, würde ich verlöschen. Du geh weiter und halte nicht an."

Der Prophet ging weiter. Da traf er Isrāfīl mit sei-nen vier riesigen Flügeln, einer davon bedeckte sein Gesicht als Schleier vor dem Licht, das von überall herkam. Der Prophet fragte ihn: „Ist dies dein Stand-ort, Isrāfīl?"

Isrāfīl sagte: „Ja. Überschritte ich ihn, würde die-ses Licht mich verbrennen. Doch du geh weiter und fürchte dich nicht." Und der Prophet ging weiter. Er sah den Geist, dem Allāh die Macht über die Erde und die Himmel gab. Vom Kopf bis zu den Füßen und aus jeder Zelle waren Gesichter aus der Feinheit von Licht gezeichnet, deren Anzahl niemand außer Allāh kennt, und aus jedem von ihnen erschuf Allāh einen Engelgeist, der wie der Geist aussieht, den Er dann als Engelgeist der Göttlichen Gegenwart zu Sich nimmt.

Jeden Tag schaut der Geist dreimal in die Hölle, und wegen des kühlen Lichts seines engelhaften Blickes schmilzt das Feuer der Hölle, bis es ein Regenbogen wird. Der Geist schaut auch jeden Tag dreimal ins Paradies und verbreitet dort das göttliche Licht, das

Allāh ihm gibt. Würde Allāh die Tränen der Augen dieses Geistes sammeln, würden sie alle erschaffenen Universen überfluten und ließen Noahs Flut als Tropfen an einer Nadel erscheinen, die in den Ozean getaucht wurde. Dies ist der Geist, den Allāh im Koran erwähnt.

An dem Tage, da der Geist und die Engel aufgereiht sein werden. Nur der wird reden dürfen, dem es der Erbarmer erlaubt ... (78:38)

Der Prophet sagte: „O Geist, ist dies dein Standort?" Der Geist antwortete: „Ja, und wenn ich ihn überschreite, werde ich vom Licht, das ich empfange, ausgelöscht werden. O Muḥammad, geh weiter und fürchte dich nicht. Du bist eingeladen und hast Erlaubnis."

Der Prophet ging weiter. Allāh inspirierte sein Herz mit folgendem Diskurs: „Ich, der Herr, habe Mich vor den Bewohnern des Paradieses verschleiert, wie Ich Mich vor den Bewohnern der Erde verbarg. Wie Ich mich vor ihrem Verstand verbarg, verbarg ich Mich vor ihrer Sicht. Ich bin nicht in irgend etwas enthalten, und Ich bin auch nicht von irgend etwas entfernt."

Dann ging der Prophet durch einen Schleier nach dem anderen, bis er durch eintausend Schleier gegangen war. Zum Schluß öffnete er den Schleier der Einheit. Er kam sich vor wie eine Lampe, die inmitten göttlicher Luft aufgehängt ist. Er sah etwas Wunderbares, Großartiges und Unbeschreibliches. Er bat seinen Herrn, ihm Festigkeit und Kraft zu geben. Er fühlte, wie ihm ein Tropfen dieser Präsenz auf die

Zunge gegeben wurde, kälter als Eis und süßer als Honig. Nichts auf Erden und in den sieben Paradiesen schmeckt wie dieses. Mit diesem Tropfen gab Allāh in das Herz des Propheten das Wissen vom Ersten und vom Letzten, das Himmlische und das Irdische. All dies wurde ihm in einem Augenblick, der kürzer als die schnellste Sekunde war, geoffenbart. Es wurde ihm befohlen, weiterzugehen. Als er sich fortbewegte, fühlte er sich auf einen Thron gehoben, der nicht beschrieben werden kann, nicht jetzt und nicht später. Es wurden ihm drei weitere Tropfen gegeben: einen auf seine Schulter, der aus Majestät bestand, einen ins Herz, der aus Barmherzigkeit bestand, und einen weiteren auf seine Zunge, der aus Wortgewandtheit bestand. Dann erklang eine Stimme, die kein geschaffenes Wesen zuvor gehört hatte: „O Muḥammad! Ich habe dich zum Fürsprecher für jedermann gemacht." In diesem Moment fühlte der Prophet, wie sein Geist in Verzückung geriet und hinweggenommen wurde, um mit einem erstaunlichen Geheimnis zurückgebracht zu werden. Er war in die Bereiche von Allāhs Ewigkeit und Endlosigkeit versetzt. Zum einen fand er keinen Anfang, zum anderen kein Ende. Nun eröffnete Allāh ihm: „Mein Ende ist in Meinem Anfang und Mein Anfang in Meinem Ende." Da wußte der Prophet, daß alle Türen absolut verschlossen waren außer denen, die zu Allāh führten, daß Allāh nicht in den Grenzen der Sprache beschrieben werden kann und daß Allāh das Überall sämtlicher Orte umschließt. Dies ist ein Geheimnis, das, zur Sprache zu bringen, keiner Zunge gestattet ist. Keine Tür kann geöffnet werden, dies zu offenbaren, und keine Antwort kann es bestimmen. Er ist der Führer zu Sich selbst und der Herr Seiner eigenen Beschreibung. Er ist die Schönheit aller Schönheit und die Sprache, die Ihn beschreibt, welche nur Ihm gehört.

> O Allāh, mein Schöpfer, in Deiner Ewigkeit steh
> ich voller Erstaunen.
> In Deinem Ozean der Einheit ertrinkend gehe ich
> unter.
> O Allāh, manchmal umschließt Du mich in ver-
> trauter Nähe,
> manchmal läßt Du mich ohne sie, verhüllt, be-
> fremdet,
> verborgen in Deiner erhabenen Majestät.
> Gib mir den Wein Deiner Liebe zu trinken,
> denn nur trunken von ihr kann ich sagen:
> Mein Herr! Laß mich Dich doch wieder sehen!

Dann sah der Prophet nach rechts und sah nichts als seinen Herrn, dann nach links, und er sah nichts als seinen Herrn, dann nach vorn, nach hinten und nach oben, und er sah nichts als seinen Herrn. Er haßte es, diesen geehrten und gesegneten Platz zu verlassen.

Doch Allāh sprach: „Du bist ein Gesandter für Meine Diener wie alle Gesandten, bliebst du hier, wäre es nicht möglich, daß du Meine Botschaft überbringst. Deshalb geh zurück hinab zur Erde und überbringe Meinen Dienern die Botschaft. Wann

immer du im selben Zustand wie jetzt sein möchtest, mach deine Gebete, und Ich werde dir diesen
Zustand eröffnen."

Deshalb sagte der Prophet: „Das Gebet ist die Freude meiner Augen", und der nannte es auch „unsere
Erholung".

Dann wurde dem Propheten befohlen, zur Erde
zurückzukehren, doch er ließ seine Seele im Himmel,
seinen Geist beim Lotusbaum und sein Herz in der
unsagbaren Göttlichen Gegenwart, während sein Geheimnis ohne Ort gehalten wurde. Seine Seele wunderte sich: „Wo ist sein Herz?" Und das Herz fragte sich:
„Wo ist der Geist?" Und der Geist fragte sich: „Wo ist
das Geheimnis?" Und das Geheimnis fragte sich, wo
es war. Und Allāh enthüllte: „O Seele des Propheten!
Ich gewähre dir den Segen und die Vergebung, und
o Geist: Ich gewähre dir die Barmherzigkeit und die
Ehre, und o Herz, Ich gewähre dir die Liebe und die
Schönheit, und o Geheimnis, du hast Mich."

Dann enthüllte Allāh dem Propheten den Befehl,
zu rezitieren:

Er ist es, der euch segnet – und auch Seine Engel –,
um euch aus der tiefsten Finsternis zum Licht zu führen.
(33:43)

O Muḥammad! Ich befahl allen Engeln Meines
Himmels, geschaffen und ungeschaffen, dir und Meiner
Schöpfung nicht endende Segnungen zu schicken, mit
Meinem eigenen Lob. Ich bin dein Herr, der sagte:
„Meine Gnade hat Vorrang vor Meinem Zorn, und all
Meine Engel habe Ich für euch Menschen geschaffen."

Und Allāh befahl dem Propheten, mit dieser Engels-
botschaft zur Erde zurückzukehren.

IN DER GEGENWART

Eine Reise in
das Land der Engel

EIN Heiliger sitzt Tag und Nacht in seinem Zimmer, beschäftigt mit Gotteslob und Meditation. Eines Tages hört er Geräusche vor seinem Zimmer und Schritte, die sich nähern. Das Geräusch der Schritte nimmt zu, bis ihm klar wird, daß eine riesige Menge Wesen draußen vor seiner Tür auf ihn wartet. Er öffnet die Türe und sieht sich einer Ansammlung Tausender von Engeln in blendend weißem Licht gegenüber, die sich vor seiner Tür drängen und den Vers wiederholen:

„Alles Lob gebührt Allāh, dem Schöpfer der Himmel und der Erde, der die Engel zu Boten macht, versehen mit Flügeln, je zwei, drei oder vier. Er fügt der Schöpfung hinzu, was Er will. Allāh hat wahrlich Macht über alle Dinge." (35:1)

Der Heilige spricht zu ihnen: „Wer seid ihr?" „Wir sind die Engel des Herrn", erwidert einer von ihnen. „Wir wurden geschickt, dich zu fragen, ob du irgend etwas brauchst, denn:

Er ist es, der euch segnet – und auch Seine Engel –, um euch aus der tiefsten Finsternis zum Licht zu führen. Und Er ist zu den Gläubigen barmherzig." (33:43)

Der Heilige antwortet: „Ich habe nur eine Bitte. Ich möchte meinem Herrn begegnen." Die sagen: „Wer seinem Herrn begegnen will, dem will sein Herr begegnen. Sprich uns nach." Sie sprechen einige Worte, die er nicht versteht, die er jedoch trotzdem wiederholt. Er wird aus seinem Körper gehoben. Der Heilige sieht, daß jeder Engel eine Chrysantheme aus dem Paradies trägt, die einen glückseligen Duft verströmt. Sie geleiten ihn zum ersten Himmel, wo er von Wächtern willkommen geheißen wird, die „Willkommen dem frommen Heiligen Allāhs" sagen. „Du wurdest wegen deines brennenden Wunsches, Allāh zu treffen, eingeladen." Er ist von glitzernden Lichtern umgeben, die seine Augen erfreuen, und von aller Art weißer und grüner Vögel, die überall herumfliegen. Die Engel zeigen ihm seinen Platz im Paradies. Dort sieht er Engel auf himmlischen Treppen auf und ab gehen.

Sie (die Strafe) kommt von Allāh, dem Herrn der Himmelsleiter. Die Engel und der Geist steigen zu Ihm empor während eines Tages, der fünfzigtausend Jahre dauert. (70:3-4)

Sie setzen ihn auf einen Thron der mit himmlischen Perlen und Juwelen geschmückt ist, dann sieht er die Engel des ersten Himmels im Kreis stehen, die des zweiten Himmels sitzen hinter ihnen, die des vierten, fünften, sechsten und siebten Himmels stehen und sitzen in aufeinander folgenden Kreisen, singen und lobpreisen ihren Herrn. Dann glüht ein riesiges Licht auf, und er fällt sofort in Ohnmacht. Dieses Licht kommt aus der Göttlichen Gegenwart. Er findet sich in seinem Körper wieder, so wie er ihn verlassen hat. Als er aufwacht, hört er die Stimme eines Engels in sein Ohr wispern: „Das ist die Belohnung für jeden aufrichtigen Menschen in dieser Welt."

Einer der größten Heiligen, 'Abdullāh ad-Daghistānī, kämpfte in den Dardanellen, als er um die zwanzig Jahre alt war. Er berichtete folgendes: „Eines Tages gab es einen Angriff vom Feind, und etwa hundert von uns wurden zurückgelassen, eine Grenze zu verteidigen. Ich war ein exzellenter Schütze und konnte aus großer Entfernung einen Faden treffen. Wir waren nicht in der Lage, unsere Position zu verteidigen und waren unter Beschuß. Ich fühlte eine Kugel mein Herz treffen und fiel tödlich verwundet auf den Boden.

Als ich im Sterben lag, sah ich den Propheten zu mir kommen. Er sagte: „O mein Sohn, es war dir bestimmt, hier zu sterben, doch wir brauchen dich noch auf der Erde, sowohl in deiner physischen als auch in deiner spirituellen Form. Ich komme zu dir, dir zu zeigen, wie ein Mensch stirbt und wie der Todesengel die Seele hinwegnimmt." Er beschenkte mich mit einer Vision, in der ich meine Seele den Körper verlassen sah, Zelle für Zelle, von den Zehen beginnend. Als das Leben sich zurückzog, konnte ich sehen, wieviele Zellen in meinem Körper waren, die Funktion jeder Zelle, die Kur für jede Krankheit jeder Zelle, und ich hörte jede Zelle, in der Erinnerung Allāhs versunken.

Als meine Seele dahinging, erlebte ich, was ein Mensch fühlt, wenn er stirbt. Mir wurden die verschiedenen Zustände des Todes gezeigt: Qualvolle Todeszustände, leichte Todeszustände und glückselige Todeszustände. Der Prophet sagte zu mir: ‚Du bist einer von denen, die in einem glückseligen Zustand sterben.‘ Ich genoß das Sterben sehr, ging ich doch zu meinem Ursprung zurück, was mich das Geheimnis des Koranverses: *Wir gehören zu Allāh, und zu Ihm kehren wir zurück* (2:156) begreifen ließ.

Die Vision ging weiter, bis ich die Erfahrung machte, wie meine Seele mit dem letzten Atemzug den Körper verließ. Ich sah den Todesengel kommen und hörte all die verschiedenen Visionen, die dem Sterbenden erscheinen, und doch war ich während der Erfahrung lebendig, und das ließ mich das Geheimnis dieses Zustandes verstehen. Ich sah in der Vision meine Seele auf meinen Körper hinunterblicken. Der Prophet sagte zu mir: ‚Komm mit mir!‘ Ich begleitete den Propheten, und er nahm mich zu einer Vision der sieben Himmel mit. Ich sah alles in den sieben Himmeln, von dem er wollte, daß ich es sah. Er erhob mich auf die Stufe der Wahrhaftigkeit, wo ich alle Propheten traf, alle Heiligen, alle Märtyrer und alle Rechtschaffenen.

Er sagte: ‚O mein Sohn. Nun wirst du die Qualen der Hölle sehen.‘ Dort sah ich alles, was der Prophet in den Überlieferungen über die Qualen und Bestrafungen dieses Platzes beschrieben hat. Ich sagte: ‚O Prophet, der du als Gnade für die Menschen gesandt worden bist, gibt es keinen Weg für diese Menschen, gerettet zu werden?‘ Er antwortete: ‚Ja, mein Sohn! Sie können durch meine Fürsprache gerettet werden. Ich zeige dir, welches Schicksal diese Leute erhielten, hätte ich nicht die Macht, für sie Fürsprache zu halten. O mein Sohn, nun werde ich dich zur Erde und zu deinem Körper zurückbringen.'

Augenblicklich, als der Prophet das sagte, schaute ich hinab und sah meinen Körper irgendwie geschwollen. Ich sagte: ,O Prophet Allāhs! Es ist besser, hier mit dir zu sein. Ich möchte nicht zurückgehen. Ich bin glücklich mit dir in der Göttlichen Gegenwart. Sieh dir diese Welt an. Ich bin schon dort gewesen, und nun habe ich sie verlassen. Warum muß ich zurück? Schau, mein Körper ist geschwollen.'

Er sagte: ,O mein Sohn, du mußt zurückgehen. Das ist deine Pflicht.' Auf Befehl des Propheten ging ich zurück in meinen Körper, obwohl ich es nicht wollte. Ich sah, daß die Kugel in meinem Herzen von Fleisch umschlossen worden war und daß die Blutung aufgehört hatte. Als ich sanft wieder in meinen Körper eintrat, endete die Vision. Dabei sah ich die Ärzte des Schlachtfeldes nach Überlebenden unter den Toten Ausschau halten. Einer von ihnen sagte: ,Der dort lebt! Der dort lebt!'

Ich hatte keine Kraft, zu sprechen oder mich zu bewegen. Ich realisierte, daß ich seit sieben Tagen dort lag.

Sie nahmen mich mit und behandelten mich, bis ich mich erholte und meine Gesundheit wiederhergestellt war. Dann schickten sie mich zurück zu meinem Onkel. Sobald ich ihn erreichte, sagte er zu mir: ,O mein Sohn, hast du deinen Besuch genossen?' Ich sagte nicht Ja und ich sagte nicht Nein, da ich wissen wollte, ob er den Besuch der Armee oder die Reise in Gesellschaft

des Propheten meinte. Da fragte er noch einmal: ‚O
mein Sohn, hast du deinen Besuch zusammen mit dem
Propheten genossen?‘ Mir wurde klar, daß er alles, was
mir geschehen war, wußte. Ich lief zu ihm hin, küßte
seine Hand und sagte zu ihm: ‚O mein Scheich! Ich
ging mit dem Propheten, und ich muß zugeben, daß
ich nicht zurückkommen wollte, doch es sagte mir, es
sei meine Pflicht!‘“

Der Geist

ALLĀH schuf eines Seiner größten Wesen und nannte es den Geist, *ar-Rūḥ*.

Er läßt die Engel Seinem Willen gemäß mit der göttlichen Eingebung herabkommen, auf wen von Seinen Dienern Er will: „Verkündet, daß es keinen Gott gibt außer Mir, und fürchtet nur Mich." (16:2)

Der Geist wird auch Allāhs Türhüter genannt, Ḥājib Bāb Ḥaḍrat Allāh. Er ist ein Engel-Geist. Allein sein Mund kann alle Engel, die Allāh geschaffen hat, aufnehmen. Er steht immer vor Allāh. Am Tag des Gerichts werden alle Menshen ihn sehen und sich vor seiner Größe und Majestät fürchten.

An dem Tage, da der Geist und die Engel aufgereiht sein werden. Nur der wird reden dürfen, dem es der Erbarmer erlaubt und der das Rechte spricht. (78:38)

Er hat zehntausend Flügel. Würde er nur zwei von ihnen öffnen, sie würden das gesamte Firmament von Osten bis Westen bedecken. Wenn Allāh ihm zu fliegen und in diesem Universum zu reisen befiehlt, braucht er nur zwei Flügel, um in Gedankenschnelle zu reisen, was unvergleichlich schneller als Lichtgeschwindigkeit ist. Er hat siebzigtausend Augen, siebzigtausend Ohren, siebzigtausend Münder und siebzigtausend Zungen. Er ist im vierten Himmel und ist gewaltiger als alle geschaffenen Universen. Er ist näher bei Allāh

als alle Engel, denn er ist der ehrenwerteste unter ihnen. Er ist der Hüter der Offenbarung. Er wurde nach
dem Bild des Menschen geschaffen. Er lobpreist Allāh
ohne Unterlaß, und für jede seiner Lobpreisungen
erschafft Allāh einen Geist-Engel, der ihm gleicht.
In einem Tag und einer Nacht übersteigt die Anzahl
seiner Lobpreisungen die Anzahl der Sterne in den
geschaffenen Universen. Wenn Allāh einen Engel zur
Erde schickt, befiehlt Er dem Geist, einen Engel-Geist
mit ihm zu senden, ihn zu begleiten.

Die Nacht der Macht ist besser als tausend Monde.
Hinabsteigen die Engel und der Geist in ihr mit ihres Herrn
Erlaubnis zu jeglichem Geheiß. (97:3-4)

Der Prophet Muḥammad sagte: „Geister sind
eine engelhafte Menge, die sich von Engeln unterscheidet. Sie gleichen Menschen, obwohl sie keine
Menschen sind. Sie haben einen Kopf, Hände und
Füße." Menschen, Engel, Geistwesen (Dschinnen)
und Teufel sind ein Zehntel der Menge der Engel-
Geister. Engel-Geister essen und trinken. Im Jenseits
werden zwei Gruppen engelhafter Wesen vor Allāh
stehen. Eine Gruppe besteht aus Engeln, die andere
aus Engel-Geistern. Wenn Menschen und Dschinnen
zehn Teile bilden, bilden die Menschen einen Teil und
die Dschinnen neun. Bilden Engel und Dschinnen zehn
Teile, so sind die Dschinnen einer davon und die Engel
neun. Und gleichermaßen bilden Engel einen Teil und
die Engel-Geister neun. Und noch weiter: Wenn die
Engel-Geister und die Cherubim zehn Teile bilden,
so haben die ersten einen Teil und die letzteren neun.

Engel-Geister sind die Schutzengel der Engel, können jedoch außer von einigen Auserwählten von ihnen nicht gesehen werden, sowie die Engel nicht von Menschen gesehen werden können, außer von einigen Auserwählten.

Und sie werden dich über den Geist befragen. Sprich: „Der Geist ist eine Angelegenheit meines Herrn. Aber ihr habt nur wenig Wissen darüber." (17:85)

In der himmlischen Hierarchie hat der Erzengel Gabriel seine eigene Station, über die er nicht hinausgehen kann, er würde sonst ausgelöscht. Über ihm ist Michael in seiner Station, ernst und in Furcht vor Gott. Über ihm ist Isrāfil, der Engel der Trompete. Über dieser Station ist der Geist, der über allen Engeln ist, obgleich sie ihn auch nicht sehen können, da er sich vor ihnen mit siebzigtausend Schleiern reflektierten Lichts und weiteren siebzigtausend Schleiern ursprünglichen Lichts verbirgt.

Engelwunder im
Bombenhagel von Beirut

Es ist das Jahr 1982, Beirut, die Prachtstadt des Libanon, die Westler als „die Schweiz des Mittleren Ostens" bezeichneten. Wir sind mitten in der libanesischen Krise. Lokaltyrannen bekämpfen Einwanderer und lassen über 300 Raketen die Minute auf beide Seiten niederregnen, gleichgültig den Opfern gegenüber. An einem sehr dunklen Tag mit schwerem Bombardement drängt sich jeder in unserem zehn Stockwerke hohen Gebäude zusammen und betet. Jeder hofft mit seinem Leben davonzukommen. Es gibt keinen Strom, den Aufzug zu benutzen, fernzusehen, zu telefonieren oder Wasser zu erhitzen. Die Menschen leben von einer Minute zur anderen, eilen die Treppe hinunter, um im Keller Schutz zu suchen, und sind glücklich, wenn sie ein Stück Brot aufbewahrt haben, das sie während einer Feuerpause beim Bäcker gekauft hatten. Inmitten dieses Durcheinanders schreit eine Frau im Kellergeschoß: „Ich habe vergessen, ich habe es vergessen!"

„Was hast du vergessen?" fragen die Leute um sie herum.

Doch sie kreischt immer weiter: „Ich habe es vergessen, ich habe es vergessen!", und sie reißt sich an den Haaren und schlägt sich ins Gesicht. Währenddessen scheint das Gebäude von den explodierenden Granaten in der Nachbarschaft von rechts nach links zu schwanken. Jeder fühlt sein Herz in Stücke zerspringen und seine Venen unerträglich pulsieren, da die Splitterbomben, die herunterregnen, eine Kette eng zusammenhängender Explosionen auslösen.

Das allgemeine Gefühl ist, daß der Moment des Todes gekommen ist. Jeder nimmt seine Kinder und umarmt sie, so daß sie zusammen mitgenommen werden und sie nicht im Tod alleingelassen sind. In diesem Moment leuchtet die Liebe der Mütter für ihre Kinder sowie die der Väter, der Ehemänner und Ehefrauen und aller Familienmitglieder, die zusammen die Momente, die ihnen noch bleiben, zählen, bevor sie aus dem Leben scheiden. Jeder spricht die Gebete, die er oder sie kennt, mit sich selbst beschäftigt, Bittgebete zu Allāh mit der Bitte um Rettung. Das Flüstern und Singen der Gebete ist das einzige Geräusch, außer dem der explodierenden Granaten über uns. Nur ein paar Kerzen, die hier und dort angezündet werden, durchbrechen die Dunkelheit dieses kleinen Kellers, und geben uns Hoffnung wie Inseln von Licht in einem Meer der Dunkelheit.

Die Intensität der Bombardierung erreicht ihren Höhepunkt. Die Granaten haben uns erreicht, und wir stellen uns vor, alle in Stücke gerissen zu werden. Das Gebäude bricht wie ein Pappkarton auseinander. Man kann die Steine und Ziegel in den Straßen der Nachbarschaft fallen hören, wie Hagel auf den Köpfen der Menschen an einem Wintertag. Inmitten dieses

Steinregens auf die Köpfe der Menschen erreicht auch die Stimme der Frau ihren Höhepunkt. Sie schreit laut. „Bitte! Jemand muß meinem Kind helfen! Helft ihr doch! Sie stirbt! Sie wurde getötet", doch niemand sieht, wen sie meint. Niemand kann ihr helfen.

Meine Schwester nimmt etwas kaltes Wasser und versucht, die Frau wieder zu sich zu bringen, indem sie ihr Wasser ins Gesicht spritzt, während sie immer wieder fragt, wo ihr Kind ist, so daß es gerettet werden kann.

Meine Schwester ruft mich herbei: „Komm und hilf mir mit ihr." Ich gehe hin und helfe, und die Frau sagt: „Bitte! Ich habe meine Tochter vergessen." „Wo?" „Im zehnten Stock in unserer Wohnung."

Ich werde bleich. Ich sehe meiner Schwester in die Augen, uns wortlos verständigend, und sie versteht, daß ich ihr sage: „Es wird wahrscheinlich keinen zehnten Stock mehr geben oder einen fünften oder auch nur ein Erdgeschoß über uns. Wir können vielleicht nicht einmal lebend aus diesem Keller heraus!" Menschen drängen sich um uns, als wir Klopfgeräusche an der Metalltür des Kellers hören. Die Tür öffnet sich von außen. Drei Männer und zwei Frauen stürmen herein und rufen: „Schließ die Tür hinter uns, mach sie schnell zu!"

Sie sind mit rasender Geschwindigkeit in ihrem Auto gekommen und wußten nicht wohin, als sie den Kellereingang zu unserem Schutzraum erblickten. Sie sind aus ihrem Auto gesprungen und hierhergeeilt, sich zu verbergen. Wir geben ihnen Wasser und versuchen, sie etwas zu beruhigen von dem Schock, den sie von dem, was sie draußen gesehen haben, davongetragen haben. Ihre Gesichter und Kleider sind mit Blut bedeckt, da sie geholfen haben, Verletzte und Tote in ihrem Auto zu transportieren.

Einer der Neuankömmlinge sagt: „Die Straßen sind mit Toten bedeckt. Wir wissen nicht, wen wir noch aufnehmen sollen. Ganze Gebäude sind bis zum Grund wegrasiert. Es ist Horror, das Grauen!"

Ich schaue abwechselnd von der ersten schreienden Frau zur Frau, die spricht. Ich sage: „Was ist mit unserem Gebäude?"

„Welches Gebäude meinst du?"

„Dieses Gebäude, unser Gebäude!"

Alle fünf Neuankömmlinge rufen in einem konfusen Aufschrei: „Da ist nichts übrig draußen. Da gibt es kein Gebäude mehr. Nur eine Ruine von vier oder fünf Stockwerken ist übrig!" Wir denken, wenn die erste Frau dies hört, wird sie verrückt werden. Alle wenden sich ihr mit angehaltenem Atem zu, bereit, sie aufzufangen, wenn sie fällt. Doch das Gegenteil geschieht. Sie scheint sich plötzlich zu beruhigen, hält den Atem an, wird stabil und firm und starrt in die Ecke des Kellers. Ihr bleiches Gesicht rötet sich. Ihre Augen füllen sich mit Licht, ja sogar einem Lächeln, und ihr Mund steht offen, als sie flüsternd sagt: „O mein Gott, o mein Gott, o mein Gott!"

Jeder vergißt den Granatenbeschuß. Wir überhören den apokalyptischen Donner da draußen. Statt dessen ist Stille um uns herum. Jedes Herz fühlt plötzlich den Frieden, der uns ganz umhüllt wie ein riesiger Mantel aus Ruhe und Stille, die uns in einem Moment an einen anderen Ort nimmt. Jeder starrt in die Richtung, in welche die Frau starrt, doch niemand kann das sehen, was sie sieht.

Sie stammelt: „O mein Gott! Ich kann Deine Engel sehen. Ich kann Deine geflügelten Helfer mit meiner Tochter sehen. Sie sind gekommen, uns zu helfen!"

Sobald sie das Wort Engel ausspricht, fühlen alle einen kühlen Hauch, durchsichtig, mit einem Parfum von Blumen und frischem Räucherwerk, das den Schwefelrauch überdeckt, der von draußen hereingezogen war.

Die Kerzen gehen aus. Ein immenses Licht erscheint, das den ganzen Keller erfüllt und ihn unendlich zu vergrößern scheint. Jeder friert an seinem Platz, nicht in der Lage, seinen Blick von dieser Lichtwolke abzuwenden, und starrt auf das Licht ohne den geringsten Druck, obwohl es vielfach intensiver als die Sonne ist! Die Zungen regen sich nicht. Niemand atmet. Ein großer Frieden senkt sich herab, und all das Leiden und der Beschuß der letzten Stunden sind vergessen.

Die Frau ist nun in einem Zustand von Glück. Alle Angst ist von ihr gewichen. „Engel retten meine Tochter", wiederholt sie immer wieder, trotz der Ungereimtheit ihres Satzes, da jeder glaubte, das Gebäude über uns wäre in Schutt und Asche gelegt, und alle Leben derer, die noch darin waren, verloren. Doch jetzt glaubt jeder fest daran, daß alles geschehen kann wegen des Zustands, in dem wir uns befinden, obwohl jeder, der das von außen hören würde, es als

Unfug bezeichnen würde, daß die Tochter der Frau noch leben könnte.

Meine Schwester sieht mich an und bittet still um irgendeine Antwort. Ich starre zurück, die Augen weit offen, als ob ich ihr sagte: „Allāh ist groß. Er kann alles tun, selbst Seine Schutzengel schicken, um die Wunden hilfloser Menschen zu heilen, die ihn inständig darum bitten."

Sie versteht. Die Reflektion dieser Botschaft scheint ihr Herz in Wellen spiritueller Energie zu erreichen, welche nun ihr Herz überschwemmt und die Herzen von anderen um uns herum erreicht. Jedem scheint bewußt zu sein, daß ihnen ein besonderes Ereignis widerfährt, eine Erfahrung, die sie nie zuvor in ihrem Leben gemacht hatten.

Meine Schwester litt seit einigen Jahren an Krebs. Als Gynäkologin versteht sie besser als andere die Fakten, die Krebs betreffen, und die Ernsthaftigkeit ihrer Situation. Sie hat Operationen und viele Chemotherapie-Behandlungen durchgemacht. Die Ärzte sagten ihr zum Schluß, daß sie nur noch wenige Monate zu leben hätte. Der Gedanke, daß der Tod an ihre Tür klopft und dabei ist einzutreten, schmerzt sie, zusätzlich zu den Schmerzen der Krankheit selbst und der grauenvollen Behandlung.

Sie schaut mich an, als ob sie fragen wollte: „Wenn dieser Besuch wirklich ist, wenn das wirklich passiert, daß dem Kind dieser Frau von einem Engel geholfen wird, und wir etwas sehen, das es beweist – warum berührt derselbe Engel nicht mich mit seiner wunderbaren Heilkraft und rettet mich, wie auch andere gerettet werden?" All das verstand ich in einem Moment, obwohl nicht eine Silbe gesprochen worden war.

Ich fühle hier und jetzt, daß meine Schwester verzweifelt aus ganzem Herzen um Hilfe bittet. Sie versucht, das Gewand eines Engels zu erhaschen, und umklammert es in einem letzten Versuch, gerettet zu werden, denn sie spürt, daß dieser kostbare Moment sich in ihrem Leben nicht wiederholen wird.

Diesem stillen Dialog folgt sofort etwas Erstaunliches und Unerwartetes. Meine Schwester starrt nun in die Ecke des Kellers mit dem gleichen Ausdruck, den wir auf dem Gesicht der Frau gesehen hatten, die ihre Tochter vermißte. Die Zunge meiner Schwester beginnt sich zu bewegen, und sie stammelt unfreiwillig: „Mein Bruder, mein Bruder, ein Engel kommt zu mir! O mein Gott, O mein Gott!" Jeder schaut, doch niemand kann etwas sehen. Der Engel ist nur für sie zu sehen, genauso wie er zuvor nur für die Frau sichtbar war. Und das Licht im Raum scheint sich wieder und wieder zu vervielfältigen.

Meine Schwester schreit: „Er heilt mich! Der Engel heilt mich!" Dann wird sie ohnmächtig. Alle sind im Dilemma, wem sollen sie zuerst helfen, der ersten Frau oder meiner Schwester? Doch niemand bewegt sich, als ob wir alle an unseren jeweiligen Plätzen angefroren wären und nicht in Lage, das alles anders zu nehmen, als daß wir „Alläh ist groß" sagen.

Mitten in diesem Zustand der Verwirrung und des spirituellen Erstaunens hört jeder ein deutliches Klopfen an der schmalen Metalltür des Kellers. Niemand kann sich von seinem Platz wegbewegen, aus Angst, diesen Zustand der Ekstase zu verlieren und zur Welt der Bomben, dem Lärm des Krieges, dem Geruch von Feuer und Schießpulver und dem Anblick der Toten und Verwundeten zurückzukehren.

Jeder fühlt sich zuständig, die Tür zu öffnen, und doch scheinen die Beine an ihre Plätze fixiert zu sein. Niemand bewegt sich. Unter all diesen Leuten reißen sich zwei Kinder aus den Armen ihrer Eltern los, ein Junge und ein Mädchen, und rennen zur Kellertür. Die Eltern schreien: „Kommt zurück, kommt zurück!" Doch die Kinder antworten: „Engel, Engel!" Alle Augen sind auf die Kinder gerichtet, während die Eltern nicht in der Lage sind, sich einen Zentimeter zu bewegen, um ihre Kinder einzufangen. Uns bleibt das Herz stehen bei dem Gedanken, die Kinder könnten hinausgehen und von den Granaten getroffen werden. Großes Erstaunen breitet sich beim neuen Anblick aus – die Kinder gehen nicht mehr auf der Erde. Sie gehen auf dünner Luft! Den Eltern verschlägt es die Sprache, und sie fragen sich, ob sie ihren Sinnen noch trauen können. Die Kinder übernehmen das Kommando, als ob es ihnen leid täte, daß die Eltern die Sprache verloren haben, und sagen: „Mama, Papa, Engel kommen, um uns zu helfen. Habt keine Angst. Sie werden uns befreien."

Die Kinder brauchen nur einen Augenblick, um die Tür zu erreichen. Für jeden anderen fühlt es sich wie ein Jahr an. Was geschieht mit den Kindern? Sind das noch die gleichen Kinder, oder sind es Engel in der

Verkleidung von Kindern? Wer klopft an die Tür? Als die Kinder die Tür erreichen, scheinen wir kein Klopfen mehr zu hören, sondern Musikklänge, die unsere Ohren umschmeicheln und in die Luft fließen. Erstaunen, Verwirrung, Erwartung, Verdacht – die erste Frau und ihre Tochter, die Vision meiner Schwester und ihre Ohnmacht, die Stille, das Licht, der Duft der uns umhüllt, das Klopfen an der Tür, die Kinder, die in der Luft schweben und ruhig die Anwesenheit von Engeln verkünden –, all das scheint für uns zu viel zu sein, als daß wir es verstehen könnten.

Trotz aller Befremdlichkeit, alles, was wir bisher gesehen haben, gehört den drei Dimensionen an. Wir verstehen es mit den Sinnen unseres physischen Körpers, oder wenigstens versuchen wir es. Jeder fühlt, daß das, was sich hinter der Tür befindet, vollkommen anders sein wird, beispiellos und unvorstellbar. Es muß wirklich aus einer vierten Dimension sein, eine Tür zum Paradies, eine Interaktion mit der himmlischen Welt selbst, nicht mit zweien oder dreien ihrer Bewohner oder mit den Elementen von Duft und Klang.

In weniger als einer Sekunde erreichen die Kinder die Tür. Ohne daß sie sie berühren, öffnet sie sich von selbst vor ihnen. Wir können nichts durch die Tür sehen – keine Treppe, die zur Straße führt, keine Steinstruktur, nicht einmal Ruinen, nichts, außer einem gewaltigen Licht. Dieses Licht strömt in den Keller, schickt Wellen über Wellen einer sichtbaren Energie hinein, die Auswirkungen mit sich bringt, welche das Herz bewegen, denn wir alle fühlen einen großen Glanz von Liebe und schiere Glückseligkeit in unseren Herzen, eine Liebe, die wir nie zuvor in unserem Leben gefühlt haben. Es ähnelt nicht einmal der intensivsten Verzückung der Jugendzeit.

Wir sind in Trance. Die beiden Kinder verschwinden im Licht und können nicht mehr gesehen werden. Alle Augen blicken gebannt und werfen den Kindern ungläubige Blicke hinterher, sind jedoch unfähig, ihnen ins Licht zu folgen. Die Vereinigung der Kinder mit dem Licht verändert die Farben des Lichts, es erblüht wie ein strahlender Regenbogen und wirkt sich auch auf unseren Zustand aus, denn wir sehen die Kinder jetzt mehr mit den Herzensaugen als denen im Kopf ins Paradies gehen. Es vergeht ein kurzer Moment, das Licht ist noch da. Zwei Kinder sind hineingegangen, doch drei kommen jetzt heraus. Sie halten sich an der Hand. Sie scheinen aus der vierten Dimension des Paradieses in unsere dritte Dimension zu schlendern.

Die Kinder sehen luftig und durchlässig aus, scheinbar durchsichtig, als ob sie jetzt Engelwesen wären. Ihr eigenes Licht verändert sich ständig wie das, welches durch die Tür kommt. Eine unschuldige Geste, typisch für Kinder, gibt uns Gewißheit, daß sie es sind. Sie halten sich an den Händen, drehen sich im Kreis und singen einen Reim:

Wir sind die Engel, wir sind die Wächter,
wir sind die, die euch lieben
und für euch sorgen.

Jeder stößt einen Seufzer der Erleichterung und der Freude aus. Wir wenden uns einander ausgelassen zu und genießen sowohl den Klang als auch die Bedeutung der Musik der Kinderstimmen. Es ist, als ob uns dort im Keller ein neues Leben eröffnet wurde, besonders den Eltern der Kinder. Sie haben versucht, sich von ihrem Platz fortzubewegen, um ihre Kinder zu umarmen, doch ihre Bemühungen sind fruchtlos. Sie können sich nicht bewegen. Sie sind an ihrem Platz fest gebannt wie Statuen aus Stein.

Als das Licht immer mehr verlöscht, merken die Leute, wie ihre Kraft, sich zu bewegen, zu ihnen zurückkehrt, der Zustand der Ekstase verringert sich, vergeht in unseren Körpern und unseren Herzen. Das Jubilieren der Kinder verlangsamt sich. Sie wenden sich ihren Eltern zu und machen sich auf den Weg zu ihnen. Wir alle schauen auf das dritte Kind, ein kleines Mädchen, das in den Keller springt und zu der Frau läuft, die vorher geweint hatte. Uns wird klar, daß dies ihre Tochter ist, um die sie sich so gesorgt hatte, weil sie sie im zehnten Stock des Hauses vergessen hatte.

Jeder, einschließlich meiner, hat meine Schwester, die immer noch bewußtlos ist, vergessen und schaut statt dessen auf die Kinder und erwartet von ihnen Beschreibungen von dem, was sie gesehen haben. Die Freude der Eltern kann nicht beschrieben werden. Die Frau aus dem zehnten Stock, die gedacht hatte, ihr Kind wäre mit dem Rest des Gebäudes verlorengegangen, sieht es nun auf sie zu laufen, dann hält sie es in ihren Armen. Sie hat nicht einmal vergessen, ihre

Barbiepuppe mitzubringen! Die Mutter umarmt ihr Kind, küßt es und murmelt unverständliche Worte des Dankes und Gebete, wegen ihrer Gefühle, unfähig zusammenhängend zu sprechen.

In diesem freudigen Augenblick versuchen einige andere Leute und ich, meine Schwester wiederzubeleben, nachdem wir gerade einmal unseren normalen Bewußtseinszustand zurückerlangt haben. Andere bitten das kleine Mädchen, zu erzählen, wie es gelungen ist, unversehrt aus den Trümmern und der Zerstörung draußen zu entkommen. Mir entgeht keine der vielen Fragen, die aus jedem Mund zu strömen beginnt, und ich spitze meine Ohren, um jede Antwort, die kommt, zu hören. Gleichzeitig gieße ich Kölnisch Wasser auf das Gesicht meiner Schwester und klopfe es leicht, um sie ins Bewußtsein zurückzuholen.

Das kleine Mädchen spricht in einer Mischung aus Freude und Furcht: Sie ist glücklich über das, was sie in der Welt der Engel gesehen hat. Und sie hat Angst vor der Intensität und Emotion der Fragen, die plötzlich auf sie niederprasseln. Sie ist überrascht über die Aufregung und die Reaktion ihrer Mutter und versteht nicht, was der ganze Wirbel soll. Sie hat einfach nur ihre Freunde, die Engel, getroffen, und nun ist sie hier.

„Was ist mit der zehnten Etage? Was ist mit deinem Zimmer?" Doch das kleine Mädchen sagt nur: „Mama, warum weinst du? Warum küßt du mich, als ob du mich eine Woche nicht gesehen hättest?" Die Mutter umarmt ihr liebes Kind immer wieder und fährt mit ihren stummen dankbaren Gebeten fort.

Das kleine Mädchen umarmt ihre Barbiepuppe, genau so wie ihre Mutter sie umarmt hat. Jede fürchtet den Verlust des kleinen Babies, das sie liebevoll umarmt, die Mutter fürchtet um ihre kleine Tochter, die Tochter fürchtet um ihre kleine Barbiepuppe.

Das kleine Mädchen sagt: „Ich lag in meinem Bett, als ich fühlte, wie mich jemand berührte und rief. Ich dachte, es wäre Mama, doch ich habe mich noch nie so hochgehoben und getragen gefühlt! Ich öffnete meine Augen und roch einen sehr schönen Duft, der meinen Raum erfüllte. Ich sah eine Frau zu mir kommen, die von einem Engel begleitet wurde. Da, wo mein Zimmer gewesen war, war nun ein riesiger Raum ohne Anfang und ohne Ende. Die Frau nahm mich an der Hand, und der Engel trug uns beide. Ich wollte weinen, doch die Frau sagte zu mir: ‚Warum weinst du, Süße?‘ Ich sagte: ‚Ich habe meine Barbie vergessen‘. Die Frau sagte: ‚Nein, sie ist hier bei dir. Sieh unter deinen Arm.‘ Ich schaute und sah, daß ich Barbie bei mir hatte. Dann blickte ich um mich und rief: ‚Wo ist meine Mama? Was ist los? Wo bringt ihr mich hin?‘ Sie sagten: ‚Wir bringen dich zu deiner Mama: Wir sind deine Schutzengel.‘ Dann traf ich die beiden Kinder, die auf mich im Gang warteten, wo alles ganz hell war. Die Engel lehrten uns ein Lied, und wir fingen an, mit ihnen zu spielen und im Kreis zu gehen. Es war so schön! Dann sagten sie, wir müßten zu unseren Eltern zurückgehen, und wir kamen hierher."

Die Kinder scheinen die absolute Besonderheit des Berichts des kleinen Mädchens und ihrer gesamten

Erfahrung der letzten Stunde nicht zu realisieren. Wir schauen sie an und blicken uns dann gegenseitig erstaunt und ungläubig an. Man wird dies sicher anderen Leuten erzählen müssen. Würden sie uns glauben? Wir wünschen, daß der Moment nie enden möge. Wir möchten mehr hören. All diese Gedanken kommen gleichzeitig zu uns. Aus dem Rauschen dieser Überlegungen taucht ein klarer Gedanke auf und setzt sich durch: Engel sind zu unserer Rettung gekommen und haben uns diesen kostbaren Moment der Erleichterung und Gnade gebracht.

Wir haben nicht die unter uns vergessen, die auf dem Boden liegt: meine Schwester. Sie kommt langsam zu sich und schaut umher, um zu sehen, ob die Vision noch da ist. Jemand gibt mir ein Glas Wasser mit ein Paar Tropfen Rosenwasser darin. Ich gebe meiner Schwester das Glas, um ihre Zunge zu benetzen und ihre Nerven zu beruhigen. Sie ist erst unfähig, irgendwelche Zusammenhänge herzustellen, was passiert ist. Sie trinkt noch etwas Wasser und nimmt langsam die Umgebung wahr, und als sie die Vereinigungsszene, die vor ihren Augen stattfindet, versteht, fühlt sie sich sicherer und glücklicher.

Meine Schwester sieht mich an, und ich sehe an ihren Augen, daß sie bereit ist, mir zu erzählen, was ihr geschehen ist und was sie im Einfluß der Engelsvision beobachtet hat. Alle werden wieder ruhig und wollen auch ihre Geschichte hören. Es fühlt sich an wie die Pause des Soldaten nach der Aufregung des Kampfes. Man hätte eine Nadel auf den Boden fallen hören können, obwohl draußen der Kampf noch tobt. Drinnen hat uns die Atmosphäre von Frieden und Glück völlig vom Tumult des Krieges abgetrennt.

Als sie anfängt zu sprechen, beginnt jeder auch von ihr große Neuigkeiten der Freude und Befreiung zu erwarten, obwohl sie noch nichts gehört haben. Sie sagt: „Gelobt sei Allāh! Er heilt und Er vergibt. Im Augenblick, als ihr mich bewußtlos werden saht, wachte ich woanders auf und schaute auf jeden. Ich fühlt mich wie ein Patient in der Narkose, doch dies war spirituell. Die Engel operierten mich. Ich sah drei von ihnen. Einer rechts von mir, einer links und einer über mir: ‚Wir sind die Engel der Heilung, und wir kamen, um dir mit Allāhs Erlaubnis zu helfen. Niemand kann uns davon abhalten, jemanden zu heilen, der unsere Hilfe sucht, und da sind wir!'

Sie hielten mir zu beiden Seiten meine Hände, und ich fühlte im ganzen Körper einen Zustand von Frieden. Es gab mir ein leichtes entspanntes Gefühl. Der vertraute Schmerz von vielen Jahren Krebs verließ mich. Dann zeigte mir der Engel über mir einen Lichtstab, den er in der Hand hielt. Er sagte zu mir: ‚Es gibt Punkte im menschlichen Körper, die, wenn jemand sie berührt, Heilung im gesamten Körper hervorrufen. Ich werden sie mit dieser Lichtnadel berühren.' Er fuhr fort, seinen Stab auf verschiedene Punkte über meinem Körper zu richten, jedes Mal einen Zellpunkt berührend und die Zellen heilend, die damit verbunden sind. ‚Diesen toten Zellen wird durch diese Berührung noch einmal Leben gegeben', sagte er.

Die Operation erstreckte sich über meinen ganzen Körper. Ich konnte 365 verschiedene Punkte ausmachen, auf die der Engel seinen Stab richtete. Der Engel sagte mir: ‚Jeder Punkt repräsentiert einen Tag des Jahres. Wenn du deinen Körper in diesem Jahr im Gleichgewicht hältst, werden alle deine Jahre ausgeglichen sein, und auch dein Lebensalter wird im Gleichgewicht sein.‘"

Wir sind alle überwältigt von den Ereignissen, die uns geschehen sind, und nun läßt das geheime Wissen, daß uns eröffnet wurde, unser Erstaunen noch größer werden. Meine Schwester fährt fort: „Der Engel riet mir, einer speziellen Diät zu folgen, die ich den Rest meines Lebens einhalten muß. Um diese Lebenspunkte im Körper im Gleichgewicht zu halten, muß ich jeden Tag frühmorgens ein Glas Zwiebelsaft trinken, was die toten Zellen wiederbeleben wird, mit denen der Krebs so zahlreich den Körper überschwemmt. Der Engel sagte, dieses Rezept könnte von allen benutzt werden, die an Krebs leiden."

Wir lauschen dem Bericht meiner Schwester über ihre Begegnung mit den Engeln und saugen die vielen Einzelheiten auf, die die Glaubwürdigkeit ihrer Erfahrung im Licht der zeitgleichen Reise des kleinen Mädchens bestätigt und bestärkt. Jeder im Keller ist heute transformiert worden. Welche Ironie, daß der Tag, der als schwärzester in unserem Leben begann, nun dazu bestimmt zu sein scheint, als Tag von besonderer Freude und Segen erinnert zu werden, ja für lange Zeit zu einem der besten in unserem Leben gezählt zu werden!

Die Menschen tauschen weiter ihre Erfahrungen aus und hören jeder des anderen Eindrücken zu, scheinbar stundenlang. Als sich die Aufregung gelegt hat, sind drei Stunden vergangen, und eine Feuerpause hat das Chaos der blinden Bombardierung draußen abgelöst. Jeder macht sich bereit, den Schutzraum zu verlassen und soweit als möglich zur Normalität des täglichen Lebens zurückzukehren.

Als wir herauskommen, sehen wir das Ausmaß der Zerstörung. Es wird uns bewußt, daß auch wir Teil der Wundertat der Engel sind, da wir ausgenommen wurden und unser Keller von der Bombardierung geschützt war, die jeden Punkt um uns herum erreicht hat. Wir verlassen die Stadt und machen uns auf den Weg zum Haus meines Bruders im Norden des Landes. Hier heilen wir unsere Wunden und ruhen uns für eine Weile aus. Meine Schwester befolgt vertrauensvoll das Rezept der Engel. Drei Monate später geht sie zu ihren Ärzten im amerikanischen Universitäts-Krankenhaus zurück. Zu jedermanns Erstaunen ist in ihrem ganzen Körper keine Spur von Krebs zu finden. Niemand kann sich erklären, was passiert ist, und die Ärzte sind perplex. Sie können nicht eine Spur des Heilungsprozesses finden und sind weder in der Lage, ihn zu beschreiben, noch ihn nachzumachen. Natürlich nahmen sie die Gründe der Heilung, die von meiner Schwester angegeben wurden, die Operation der Engel und das Rezept, nicht für bare Münze, obwohl sie wie sie selbst Ärztin ist. „Unsere Kollegin hat großes Glück gehabt", sagen sie

„und hat unter dem emotionalen Streß eine unerwar-
tete wunderbare Heilung erfahren". Wunderbar ist
es, aber wortwörtlicher als sie es sich wahrscheinlich
vorstellen können.

„Papa, der Engel
hat uns gebracht!"

EINER meiner Freunde, der eine zeitlang in einer Stadt weit entfernt von Frau und Kind gearbeitet hat, fühlt plötzlich das Drängen, alles stehen und liegen zu lassen und sie zu besuchen. Er geht in sein Zimmer, setzt sich hin und beginnt einen Brief an seinen Arbeitgeber zu schreiben, um ihn um Befreiung von der Arbeit zu bitten. Er gibt den Brief der Sekretärin und erwartet zwei bis drei Tage später die Erlaubnis zu erhalten, wie es in solchen Fällen üblich war. Er wartet ungeduldig, doch als er die Antwort erhält, heißt es, daß er zu dieser Zeit keinen Urlaub nehmen kann. Er sagt sich:

Ihr Lohn [der Lohn der Übeltäter] ist es, daß über sie der Fluch Allāhs und der Engel und der Menschen insgesamt kommt. (3:87)

Er kann seine Frau nicht anrufen, da es in der Gegend, wo er lebt, keine Telefone gibt. Er kommt nach Hause, duscht und legt einen Scheit auf das Feuer. Es ist ein Schneetag. Er sitzt und beginnt zu meditieren, indem er ins Feuer schaut, das ab und zu aufflackert. Nach einer Weile beginnen die Bilder seiner Familienmitglieder sich mit der Bewegung der Flammen zu bewegen. Im Geiste besucht er sie. Er sieht, wie er einen nach dem anderen begrüßt.

Seine Vision wird von heftigem Klopfen an der Tür grob unterbrochen. Zuerst schenkt er ihnen keine Aufmerksamkeit und versucht sich auf die tanzenden Flammen zu konzentrieren. Das Klopfen hält an. Bedauernd verläßt er die Träumerei von seiner Frau und seiner Tochter. Er steht langsam auf, geht zur Tür und öffnet sie. Da ist niemand. Er sieht sich um: nichts als Schnee, der alles bedeckt und ohne Unterlaß fällt. Er schließt die Tür, doch als er auf dem Weg zurück zur Couch ist, hört er noch ein Klopfen an der Tür. Er geht zurück und öffnet sie, doch wieder ist niemand da. Er wundert sich, was da los ist und wer es sein könnte, der an die Tür klopft. „Spielt jemand mit mir", denkt er, „oder bilde ich mir das ein? Hat dies eine Verbindung zu dem Engel, über den ich gestern gelesen habe?" Zum dritten Mal hört er noch kräftigeres Klopfen. Er öffnet die Tür in der Hoffnung, einen Blick auf was immer hinter der Tür sein mag zu erhaschen, denn er beginnt die Präsenz einer spirituellen Macht zu vermuten. Als er sieht, was dort ist, bekommt er einen großen Schock.

Eine Wolke aus Licht schwebt etwa einen Meter (drei Fuß) vor ihm und bedeckt alles in Sichtweite. Innen blickt ein Gesicht von unbeschreiblicher Schönheit auf ihn. Ist es das Gesicht einer Frau, eines Mannes, eines Kindes oder überhaupt eines Menschen? Alles, was er in diesem Moment denken kann, ist, das dies ganz sicher ein Engel ist. Er hört eine Stimme, die sein Herz bis zum Grund mit Gefühl und Liebe erschüttert. Die Stimme sagt:

Allāh ist höchst großzügig.
Er ruft uns in Seine Gegenwart und gibt uns Mut.
Unserer Gleichgültigkeit begegnet Er mit Güte.
Er bedeckt unsere Fehler mit Seiner Vergebung
und wandelt die Trauer in unserem Herz zu Licht.
Wir haben uns an Sein Wohlwollen gewöhnt,
welches uns niemals verläßt.

Dann blickt das Gesicht mit unbeschreiblichem Mit-
gefühl auf ihn und sagt: „Ich werde der Botschafter
deines Herzens für deine Familie sein. Ich werde ihnen
von deiner Sehnsucht berichten. Morgen werden sie
auf dem Weg zu dir sein."

Er ist hocherfreut und beginnt Lektionen, die er
als Kind gelernt hat, zu wiederholen: Allāh bezeugt
seine Einheit:

Bezeugt hat Allāh – und auch die Engel und die Wis-
senden –, daß es keinen Gott gibt außer Ihm, dem Wahrer
der Gerechtigkeit. Es gibt keinen Gott außer Ihm, dem
Erhabenen, dem Weisen. (3:18)

Allāh bezeugt, daß Er, der Erhabene und Weise,
in der Gerechtigkeit standhaft ist, und das sind auch
diese Engel und Wissenden. Die Engel sind aus dem
Ozean der Gerechtigkeit geschaffen, aus dem Licht der
göttlichen Eigenschaft *al-'Adl*: des Gerechten. Sie sind
doppelt so zahlreich wie die Menschen, da Allāh sie als
Schutzengel für jeden Mann und jede Frau geschaffen
hat. Ihr Essen und Trinken, ihre Erholung und ihr
Schlaf sind es, die Allāh in der gleichen Sprache loben
wie die Perlen, über die sie wachen. Es ist ihre Pflicht,

uns immer zu dem zu lenken, was von Nutzen für uns ist, uns Zufriedenheit und Glück ins Herz zu bringen und so die Gerechtigkeit, für die sie stehen, umzusetzen. Denen, die Allāh wirklich kennen, erscheinen sie purpurfarben, Kindern grün. Auf ihren Köpfen tragen sie Kronen, die mit unvorstellbar kostbaren Steinen des Paradieses verziert sind. Diese machen sie als Engel der Gerechtigkeit kenntlich und unterscheiden sie so von anderen Engeln.

Nachdem es zu ihm gesprochen hatte, schien das Licht sich etwas zu verstärken, dann verschwindet alles, und nichts bleibt übrig als Schnee, der sanft zur Erde fällt. Keine Fußspuren. Es ist Nacht. Der Mann schaut hoch und runter, links und rechts, doch er kann nichts mehr sehen. Er trägt nichts über seinem Flanellhemd, doch er ist unempfindlich gegen die Kälte. Alle Haare seines Körpers stehen zu Berge. Sein Herz schlägt schneller, als es je zuvor schlug. Er ist in einem Zustand der Erregung und Freude, die er nie im Leben gefühlt hat. Was geschieht mit ihm? Der Raum ist verschwunden. Das Feuer ist verschwunden. Das Sofa, die Tische, die Großvateruhr, der Spiegel, alles ist verschwunden. Nichts ist mehr da, außer der Erinnerung an den Engel, die in seine Pupillen und sein Herz graviert ist. Dieser Zustand der Ekstase bleibt ihm die ganze Nacht.

Als der Morgen kommt und die Dunkelheit sich zurückzieht, legt sich sein Zustand schrittweise. Als die Sonne vollständig aufgegangen ist, hat er ihn vollständig verlassen. Er fragt sich: „War das ein Traum? Habe ich halluziniert? Oder ist dies die Engelsvision,

über die so viel geredet wird?" Er läßt die Geschichten
über Engel, von denen er gelesen oder gehört hat, an
seinem geistigen Auge vorbeiziehen, doch in keiner
der Geschichten kann er etwas erkennen, das im
geringsten dem ähnelt, was er erlebt hat. Er kämpft
mit sich selbst, ob er das glauben soll oder nicht, und
kann nicht ohne Vorbehalte das, was er gesehen hat,
für wahr halten. Schließlich sagt er sich: „Wenn das
ein Engel war, kommen meine Frau und mein Kind
heute zu mir."

Er geht den Tag zur Arbeit, und alles scheint wie
gewöhnlich zu laufen. Er ist aufgeregt, und der Tag
kommt ihm ewig vor. Er möchte, daß der Tag endet,
er möchte nach Hause gehen und sehen, ob das, was
ihm erschien, wirklich geschehen ist oder nicht. Um
fünf Uhr ist er der erste, der seine Sachen zusammen-
packt und geht. Als er zu Hause ankommt, sieht er zu
seinem Erstaunen aus der Entfernung seine Frau und
sein Kind vor der Haustür stehen. Er läuft ganz be-
täubt zu ihnen hin und stellt sich gleichzeitig tausend
Fragen. Sie begrüßen ihn überglücklich und umarmen
ihn. Er ist sprachlos. „Kann das möglich sein? Sind sie
wirklich oder phantasiere ich?" Er hört die Stimme
seines kleinen Mädchens, das sagt: „Papa, wir sind
es. Der Engel hat uns gebracht, Mama und mich!" Er
nimmt sie in den Arm und wendet sich seiner Frau
zu. Ihm wird klar, daß er wahrhaftig von einem Engel
besucht worden ist.

In seinem Herzen ist alles, was er zuvor wußte,
zerbrochen und durch ein neues Verständnis der

Wirklichkeit dieser Welt ersetzt worden. Engel sind unter den Menschen anwesend und über ihre Macht auf irdische Ereignisse aus, um ihnen zu helfen. Er nimmt seine Frau in den Arm und versucht die Tür zu öffnen, doch seine Hand zittert. Seine Frau sagt: „Lieber, was besorgt dich? Warum zitterst du so?"

Er sagt: „Später, später erzähle ich dir davon." Sie nimmt ihm die Schlüssel aus der Hand und öffnet die Tür. „Wie kommt ihr auf die Idee, jetzt zu kommen?" fragt er. Sie antwortet: „Gestern las ich unserer Tochter eine Geschichte vor und erzählte ihr von den Engeln, die im Himmel singen. Sie fragte mich, wer die wären, und ich versuchte ihr das Singen dieser Engel zu erklären. Plötzlich hörten wir eine wundervolle Melodie, die den Raum erfüllte. Wir sahen ein Licht und darin ein kleines Mädchen genau wie unseres, das sagte: ‚Ich bin der singende Engel!' Unsere Tochter fragte mich, ob ich sehen könnte, was sie sah, und ich versicherte ihr, daß ich das könnte. Sie fragte den Engel: ‚Engel, wo ist mein Papa?' Der Engel sagte: ‚Er wartet auf euch und schickt seine Liebe.' Ich konnte nicht glauben, daß dies wirklich passiert, doch hier war unser kleines Kind und erzählte mir, daß alles wahr ist. So entschieden wir zu kommen, und da sind wir!"

Wie Engel uns durch Kriegswirren im Libanon geleiten

Es ist das Jahr 1980. Ich bin gerade aus Jidda, Saudi-Arabien, zurückgekommen. Es ist Samstag, der 7. Juli. Als das Flugzeug auf dem Beiruter Flughafen landet, macht es eine Notlandung wegen des Kriegs, der zu der Zeit stattfindet. Ich versuche meinen Bruder zu erreichen, um ihn zu bitten, mich abzuholen. Es ist unmöglich, da alle Telefonleitungen außer Betrieb sind. Menschen eilen durch den Zoll und die Einwanderungskontrollen. Es ist schwierig, einen zur Verfügung stehenden Beamten zu finden, der uns durchsucht und den Paß stempelt.

Jeder rennt um sein Leben. Es fühlt sich an, als könntest du jeden Moment sterben. Ich sehe mich nach einem Taxi um, doch finde keines, das bereit ist, in den Norden zu fahren, wo ich lebe. Beirut war in zwei Seiten geteilt, und du konntest nicht in den Norden gehen, ohne von einer Seite zur anderen zu wechseln, wozu sich an diesem speziellen Tag niemand mutig genug fühlte.

Einige Stunden vergehen. Der Flughafen und die Straßen um ihn herum liegen verlassen da, bis auf ein Paar und ein kleines Kind, die im gleichen Flugzeug wie ich reisten. Sie sitzen in der Cafeteria, wo sie nicht mal ein Glas Wasser für ihr Kind finden können. Sie haben das gleiche Problem wie wir. Sie haben niemanden gefunden, sie nach Tripolis zu bringen, das mit dem Auto etwa zwei Stunden vom Flughafen entfernt ist. Ich sitze nicht weit von der gestrandeten Familie entfernt. Wir können das gewaltige Geräusch explodierender Granaten weniger als ein Meile entfernt an der Grenzlinie hören. Wir alle fragen uns, wie wir an diesem Tag nach Hause gelangen sollen. Ich versenke mich in einen Zustand des Gebets und der Meditation, ich erinnere meinen Meister und bitte um Allāhs Hilfe durch die Fürsprache meines Meisters. Eine weitere Stunde vergeht. Die Nacht bricht an. Wir können die rote Sonne sehen, die kurz davor ist, am Horizont unterzugehen.

Plötzlich sehe ich ein Auto auf den Flughafen zurasen und sich dem Parkplatz vor dem Fenster der Cafeteria nähern. Es scheint, als ob es rast, um schrecklichen Verfolgern zu entkommen. Es hält mit kreischenden Bremsen vor dem Haupteingang, und ein hochrangiger Offizier der libanesischen Armee stürzt heraus. Er ist der für den Flughafen verantwortliche Offizier. Aus der Entfernung frage ich mich, ob ich diese Person kenne, er kommt mir bekannt vor. Als er sich nähert, erkenne ich, daß dies einer der Anhänger meines Meisters ist, der so zur gleichen Gruppe wie ich gehört.

Als der Offizier mich sieht, zeigt er weniger Überraschung als ich. Ich fühle, daß er etwas im Herzen verbirgt. Wir umarmen uns. Er fragt: „Was tust du hier?"

„Ich bin heute angekommen. Ich warte auf ein Auto, das mich nach Hause bringt. Was ist mit dir? Was tust du hier?"

„Wir haben jetzt keine Zeit zu reden. Nimm dein Gepäck und schaff es ins Auto."

Ich verstaue mein Gepäck, wie er mich angewiesen hat. Wir steigen ins Auto. Er startet das Auto und legt den Rückwärtsgang ein. Ich schaue auf das gestrandete Paar und ihr kleines Kind.

Als sie uns abfahren sehen, scheinen sie die Hoffnung zu verlieren, wie für ein bevorstehendes Unglück bestimmt. Das erschreckt mich. Mein Freund ist auch erschrocken bei dem Gedanken, an diesem verlassenen Platz festzusitzen. Ich sitze im Auto und habe das Gefühl, als ob das kleine Kind uns eine Botschaft schickt: „Wir sind alle unschuldige Menschen. Allāh erschuf uns, in Frieden und Glück in dieser wunderbaren Welt zu leben und uns als Menschen einander die Hände zu reichen. Ich möchte dieses Leben genauso genießen wie du, unter den Bäumen spielen, die sich in den Himmel strecken, die Vögel hören und den Wellen zuschauen, die sich am Strand brechen. Ich möchte nicht sterben!"

Als ich den Appell des Kindes im Herzen zu hören scheine, steigen mir Tränen in die Augen. Ich denke: „Laß ich dieses Familie in der Nacht zurück, wo niemand da ist, sich um sie zu kümmern?"

Der Wagen beginnt zurückzusetzen, doch etwas hält uns beide auf. Ich sage: „Ich kann nicht ohne sie gehen."

„Retten wir unsere Seelen! Jeder findet heutzutage auf seinem Weg den Tod. Sie bombardieren sich gegenseitig wie verrückt."

„Ich kann nicht ohne sie gehen. Wir müssen sie mitnehmen." „In Ordnung, laß sie uns holen."

Ich winke ihnen mit der Hand, zu kommen. Sie glauben, ich winke ihnen zum Abschied. In ihrem deprimierten Zustand können sie sich nicht einmal vorstellen, daß ich sie einlade, mitzukommen. Das Kind fängt an zu schreien. Die ganze Zeit hören wir das Geräusch der Bombardierung näher auf unsere Gegend zukommen.

Ich steige mit meinem Freund aus. Wir laufen zu ihnen hin und schreien: „Kommt!" Sie springen auf die Füße, von der plötzlichen Hoffnung, gerettet zu werden, elektrisiert. Sie tanzen förmlich vor Freude, als wir ihnen helfen, ihr Gepäck in den Wagen zu tragen. Wir steigen wieder ins Auto und preschen davon in Richtung Norden. Ich frage meinen Freund ein zweites Mal, woher er wußte, daß ich im Flughafen war. Wieder sagt er: „Später. Wir müssen jetzt entscheiden, welchen Weg wir nehmen. Sollen wir den Zwei-Stunden-Trip entlang der Küste nehmen oder den anderen Weg durch die Berge, über 9.000 Fuß über dem Meeresspiegel, durch die Zedern und dann runter nach Tripolis? Der wird zwölf Stunden dauern. Auf dieser Straße gibt es keinen Beschuß, doch zu dieser Stunde könnte jede bewaffnete Gruppe uns ausrauben, töten, das Auto nehmen und verschwinden!"

Wir sind mitten in diesem Dilemma, als das kleine Mädchen aus dem Nichts sagt: „Ich möchte den Strand sehen. Ich möchte nicht durch die Berge. Bitte Onkel, bring uns zum Strand."

Ihr Vater fragt: „Und warum willst du zum Strand?"

Das Kind antwortet: „Weil der Engel es mir gesagt hat."

Ihr Vater ist nicht in Laune, irgend etwas von Engeln zu hören. Trotzdem hallen die Worte des Kindes wie Donner in meinen Ohren. Es ist, als ob der Engel zu dem Kind gesprochen hätte, um uns Erwachsene zu leiten. Ich sage auf der Stelle zu meinem Freund: „Laß uns den Weg am Strand entlang nehmen."

„Wie hast du so schnell zu einer Entscheidung gefunden?"

„Weil ich Erfahrung mit Engeln habe. Die Leben unserer Meister, all unserer Meister, des Propheten und aller Propheten sind voll von Beschreibungen davon."

Diese Worte sind der Schlüssel, der das Herz und die Lippen meines Freundes öffnet. Er sagt: „Ich dachte, du hältst mich für verrückt, als du mich fragtest, was mich zum Flughafen brachte. Weißt du, was mich zum Flughafen gebracht hat?"

„Das weiß ich nicht, aber ich kann raten, daß etwas dich gegen deinen Willen und gegen deine Absichten hierher geführt hat. Ich kann es nicht gewesen sein, denn ich habe dich nicht angerufen. Die Telefone funktionieren nicht. Ich habe dir auch nicht geschrieben. Es gibt keine Post. Wie auch immer, du bist hier!"

„Ich war in meinem Büro mit Schreibtischarbeit beschäftigt, es ging um Flughafensicherheit. Ich schrieb Arbeitspläne für die Beamten in der Innenstadt von Beirut. Ich war allein. Aus heiterem Himmel hörte ich plötzlich eine Stimme. Sie schien aus jeder Ecke

des Raumes zu kommen, doch sie war unverständlich.
Ich schaute mich um. Da war niemand. Ich öffnete die
Tür. Im Gang war auch niemand. Ich schloß die Tür
und ging wieder rein. Stell dir vor, ein Armeegeneral, für die Kriegsführung ausgebildet, vorbereitet,
durch einen Terroristenangriff zu sterben, rätselt
nun über Stimmen. Nachdem ich mich gesetzt hatte,
hörte ich die Stimme wieder. Ich stand wieder auf
und schaute mich überall um, selbst draußen auf der
Straße, doch sie lag verlassen da. Ich ließ die Arbeit
ruhen und lauschte. Ich versuchte, meine gesamte
Aufmerksamkeit aufzubieten und sie in meine Ohren
zu lenken, um zu prüfen, ob ich wirklich etwas hörte
und woher es kam. Anstatt etwas zu hören, sah ich
dieses Mal die Wände des Raumes zurückgehen, bis
sie zu verschwinden schienen! Ich rieb mir die Augen:
Habe ich jetzt Wahnvorstellungen? Ich langte nach
der Kanne Kaffee hinter dem Tresen und goß mir
zwei Tassen ein. Doch auch nachdem ich den Kaffee
getrunken hatte, war die Vision noch da. Ich nahm die
Wasserflasche neben der Kaffeekanne und goß sie mir
über den Kopf. Es änderte gar nichts. Ich fühlte eine
intensive Hitze. Mir wurde bewußt, daß mir etwas
ganz Besonderes geschah.

Der Moment, als dieser Gedanke der Akzeptanz in
meinem Herzen dämmerte, war, als ob ich den Geheim-
code benutzte, einen Zustand höheren Verstehens oder
der Vision zu betreten. Ich begann zu verstehen, daß
das, was mir passierte, wirklich war und kein einge-
bildeter Vorfall oder eine Halluzination."

Die Stimmung im Auto hat sich vom Gefühl, einer gefährlichen Reise ausgesetzt zu sein, zu dem, sich inmitten einer wundersamen Geschichte zu befinden, gewandelt. Um uns herum fallen Granaten. Vor uns halten Autos an, und Menschen suchen Schutz. Häuser brennen. Vom anderen Ende der Straße eilt ein anderes Auto auf uns zu. Als sie unsere Höhe erreichen, rufen die: „Schneller, dies ist Kriegsgebiet!" Unsere Überraschung ist groß, als wir sehen, daß der Fahrer jenes Wagens lächelt, obwohl er uns vor großer drohender Gefahr warnt. Wir wundern uns, daß er glücklich zu sein scheint. Noch befremdlicher leuchtet sein Gesicht hell und scheint alles um uns herum zu erleuchten.

Mein Freund zerstreut unser Staunen und ruft aus: „Dies ist dasselbe Licht und dasselbe Gesicht, das ich in meinem Büro gesehen habe. Der ist es, der mich besucht hat!" Dies gibt meinem Freund das dringend nötige Zeichen, daß wir auf dem richtigen Weg sind. Er setzt seinen Weg auf der Küstenschnellstraße fort in Richtung der grünen Grenzlinie, die das Zentrum der Stadt durchtrennt. Er fährt fort mit seiner Geschichte:

„Als mir klar wurde, daß ich mir nichts einbildete, sah ich ein Licht, das den ganzen Raum einnahm und alles darin durch eine riesige weiße Wolke ersetzte. In der Mitte der Wolke sah ich einen Engel, der dem lächelnden Mann in dem Auto ähnelte, das grade vorbeifuhr, doch der Engel stand. Er trug einen weißen Vogel in der Hand. Er sprach mich mit folgenden Worten an: ‚Du mußt zum Flughafen fahren!' Ich war nicht in der Lage, ihm zu antworten, da ich zu überwältigt war, um zu sprechen. Ich war nicht fähig, mir bestätigen zu lassen, daß diese Botschaft wirklich für mich war. Es war deutlich genug: Etwas war zu mir gekommen und hatte mir aufgetragen, zum Flughafen zu fahren. Gleichzeitig war es mir unmöglich zu sagen: ‚Ich kann nicht fahren, dort wird zuviel geschossen.‘ Als in mir diese Einwände aufkamen, wiederholte die Vision: ‚Fahr zum Flughafen!‘ Sie wiederholte diesen Befehl dreimal. Schließlich gab ich nach und entschied mich, zu fahren. Ich ließ alles stehen und liegen, und da bin ich.“

Nachdem wir diese Geschichte gehört hatten, war jeder im Auto glücklich, und doch haben wir Angst vor dem, was vor uns liegt. Wir sind glücklich zu wissen, daß ein Engel uns zusammengeführt hat. Aber wir haben auch Angst vor der Aussicht, das Kriegsgebiet zu durchfahren. Dennoch ist unser Glaube groß, da wir drei Zeichen gesehen haben – erstens ist mein Freund auf Befehl eines Engels gekommen, zweitens hat das Kind die Botschaft des Engels erwähnt, und drittens ist derselbe Engel, der zu meinem Freund gesprochen hat, im Auto zu uns gekommen und hat uns aufgefordert, schneller zu fahren.

Wir sind kurz davor, die grüne Grenzlinie zu erreichen, wo die Bombardierung und das Schießen am intensivsten ist. Von allen Seiten hasten Krieger heran. Das sind skrupellose Leute, die bei der leichtesten Provokation töten. Sie haben sogar Spaß daran, einen Vogel zu erschießen, wenn sie nur einen zu sehen kriegen. Mein Freund geht aufs Gaspedal. Das Ehepaar ruft, „Bitte! Sie sehen zu uns rüber! Sie werden uns töten!" Doch das kleine Mädchen ruft aus: „Nein, nein, Mama, Papa, seht ihr nicht, daß die Engel uns beschützen? Sie sind überall und fesseln die bewaffneten Leute! Die Krieger können sich nicht bewegen. Sie sind wie Mumien, die in ihre Ketten gewickelt sind und sich nicht bewegen können!"

Als wir die Worte des kleinen Mädchens hören, fühlen mein Freund und ich einen neuen Schub von Vertrauen. Es ist, als ob wir in einem Flugzeug sitzen und durch die Wolken fliegen. Niemand kann das Flugzeug sehen, außer mit einem Radargerät. Das Auto fährt und überquert die Straßen wie für jedermanns Auge verschleiert. Wir hören und sehen beide Seiten miteinander kämpfen, doch niemand kümmert sich um uns oder nimmt auch nur Notiz von unserer Anwesenheit. Nur die Engel sehen und führen uns, wie das Radargerät das Flugzeug blind mitten durch einen Sturm führt.

Bald befinden wir uns auf der anderen Seite. Wir kommen sicher hinüber, und es passiert uns nichts. Wir befinden uns in einem Zustand von Glück und Erleichterung, der uns die Haare am ganzen Körper zu Berge stehen läßt. Haben wir es wirklich geschafft, sicher durchzukommen, das einzige Auto, das zu der Zeit die grüne Grenzlinie passiert hat? Das Kind sagt immer wieder: „Die Engel haben uns gerettet, die Engel haben uns gerettet!"

Wir fahren weiter auf Tripolis zu. Es ist noch nicht vorbei. Der Weg ist voll anderer Gefahren. Die Miliz und die verschiedenen Parteien haben ihre Soldaten entlang der Straße postiert, und wir müssen uns auch ihnen stellen, so wie wir es mit den Heckenschützen und den Granaten getan haben. Doch das Vertrauen, das die Engel uns ins Herz gegeben haben, ist soweit gewachsen, daß wir unserer selbst sicher sind. Wir ziehen Trost aus der süßen Stimme unserer jüngsten Mitfahrerin, die nicht aufhört zu sagen, daß Engel bei uns sind. Nach einer halben Stunde sicherer Fahrt im Dunkel der Nacht sehen wir ein Meile vor uns einen Kontrollpunkt. Viele Autos sind angehalten und zur Seite gewinkt worden. Leute werden weggebracht. Mein Freund verlangsamt das Tempo. Er beginnt sich zu fürchten, obwohl er ein Armeegeneral ist. Es ist unmöglich, einen anderen Weg zu nehmen oder zurückzufahren, dies ist der einzig mögliche Weg für uns. Wir haben keine andere Wahl, als weiterzufahren. Als wir näherkommen, sehen wir, wie die Soldaten Menschen Handschellen anlegen, Männern und Frauen ohne Unterschied, und sie sogar ins Gesicht schlagen und sie stoßen. Selbst Kinder sind vor ihrer Gewalttätigkeit nicht sicher. Wir können viele Kinder nach ihren Eltern rufen hören. Ohne Angst vor Vergeltung und ohne Scham treten die Soldaten sie und stoßen sie mit ihren Stiefeln herum, ohne Mitleid zu zeigen.

Die Eltern des kleinen Mädchens versuchen, ihr Kind unter dem Sitz zu verstecken, und befehlen ihm, sich zwischen ihren Beinen zusammenzukauern. Doch das kleine Mädchen sagt: „Warum habt ihr Angst?

Seht ihr nicht, daß die Engel mit uns kommen? Seht sie doch alle, einige auf der Windschutzscheibe, einige halten den Türgriff und andere sitzen hinten auf dem Kofferraum!"

Wir fühlen alle eine große Erleichterung. Es besteht Hoffnung, daß wir den Kontrollpunkt unverletzt passieren. Als wir ankommen, wird mein Freund langsamer, und wir halten. Niemand schenkt uns irgendwelche Beachtung. Es ist, als ob wir gar nicht existieren auf dieser Erde. Mein Freund wartet einige Augenblicke aus Angst, sie würden auf uns schießen, wenn wir uns bewegten. Niemand nimmt Notiz von uns. Das kleine Mädchen springt vom Rücksitz und sagt dem Fahrer: „Onkel, fahr, warte nicht! Sie werden uns gar nicht sehen, weil die Engel uns bedecken."

Mein Freund ist ermutigt, weiterzufahren. Er tritt aufs Gaspedal. Er passiert den Kontrollpunkt, und bald ist dieser ein entferntes undeutliches Bild hinter uns, wo die Leute weiter die Autos anhalten, die von hinten kommen. Wir sind anscheinend Geister geworden! Eine Stunde später erreichen wir sicher und unversehrt Tripolis. Es ist kurz nach Mitternacht. Und so wurden wir von Angst und Zerstörung gerettet, so wie Jonas sicher und unversehrt aus dem Bauch des Wals gerettet wurde.

Zahra und die Engel der Magie

ALLĀHS Wege sind unendlich, ihre Anzahl entspricht den Atemzügen geschaffener Wesen. Allāh hat selbst Kindern und Analphabeten erlaubt, von Ihm Kenntnis zu haben. Ernsthaft Gläubigen läßt er alles in der Schöpfung eine Lehre sein. Manchmal bewirkt er Unterweisungen von etwas, das offensichtlich ohne Lehre ist oder dumm und in Widerspruch zur Weisheit zu sein scheint. Ein frommer Heiliger wurde einst gefragt: „Wo hast du dein engelhaftes Benehmen gelernt?" Er antwortete: „Von den Feinden der Engel, denen engelhaftes Benehmen fehlt."

Allāh hat die Stellung der Engel in geordneten Stufen geschaffen, in Hierarchien von Licht und feinen Schichten unvorstellbarer Schönheit. Ihre Anzahl kann nicht bestimmt werden, ihre Vollkommenheiten sind jenseits von Aufzählungen. Ihr Wissen ist unendlich. Ihr Rang vor Allāh indes ist ihnen verliehen und nicht herbeigewünscht.

Andererseits verleiht Allāh der Menschheit einen Rang, den Er ihr zu wünschen erlaubt: Sie können den Rang erreichen, nachdem sie auf ihr niederes Selbst getreten waren und es als Treppe zur Vollkommenheit benutzt hatten. Da die Engel vollkommen und ohne Ego geschaffen worden sind, brauchen sie keine Treppe zu benutzen. So hat Allāh sie mit der Vollkommenheit geschaffen, die sie während ihrer ganzen Existenz haben werden. Menschen wurden geschaffen, um sich zur Gotteserkenntnis hin zu entwickeln, wie es der Koranvers sagt:

Und die Dschinn und die Menschen habe Ich nur dazu erschaffen, daß sie Mir dienen. (51:56)

Als Allāh entschied, Adam zu erschaffen, hatten die reinen und heiligen Engel, denen Allāh göttliche Liebe verliehen hatte, Mitleid mit den Menschen, bei denen sie zuvor gesehen hatten, daß sie auf der Erde Blut vergießen würden. Sie waren besorgt, daß die Menschheit nie fähig sein würde, Allāh so zu kennen, wie Engel es tun. Allāh antwortete ihnen, indem Er auf das Geheimnis der Schöpfung des Menschen anspielte, denn aus diesem Blick ist es durch ihr Bemühen, daß sie höhere und immer höhere Ränge in engelhaftem Licht verdienen. Hierin sind sie natürlich von den Engeln verschieden, die Allāh ohne Anstrengung gehorchen läßt und deren Rang für immer gleich bleibt.

Und als dein Herr zu den Engeln sprach: „Siehe, Ich will auf der Erde für Mich einen Sachwalter einsetzen", da sagten sie: „Willst Du auf ihr einen einsetzen, der auf ihr Verderben anrichtet und Blut vergießt? Wir verkünden doch Dein Lob und rühmen Dich." Er sprach: „Siehe, Ich weiß, was ihr nicht wißt." (2:30)

Um den Engeln die hohen Ränge der Menschen zu zeigen, fragte Gott, wer von ihnen zur Erde gehen und als sterbliches Wesen leben wollte, um die Wirklichkeit der menschlichen Bedingungen direkt zu erfahren.

Zwei Engel traten vor: Harut und Marut. Der Koran erzählt davon:

Und sie folgten dem, was die Satane wider Salomons Reich vorbrachten. Nicht daß Salomon ungläubig war, vielmehr waren die Satane ungläubig, indem sie die Menschen Zauberei lehrten und was auf die beiden Engel in Babylon, Hārūt und Mārūt, herabgekommen war. Doch lehrten sie keinen, ohne zuvor zu sagen: „Wir sind nur eine Versuchung; sei daher kein Ungläubiger!" Von ihnen lernte man, womit man Zwietracht zwischen Mann und Frau stiftet. Doch konnten sie ohne Allāhs Erlaubnis niemandem damit schaden. (2:102)

Allāh schickte sie hinab in eine Stadt von Gläubigen, einer sollte als Richter agieren, während der andere ein Gelehrter sein sollte. Tagsüber lebten, aßen und tranken sie als sterbliche Leute. Des Nachts kehrten sie zu ihren himmlischen Stationen zurück mit Hilfe des höchsten heiligsten Namens, der ihnen in Anrechnung ihrer engelhaften Natur anvertraut war.

In jenem Ort lebte eine schöne Frau namens Zahra, einige sagen auch Anahid. Ihr wurde klar, daß Harut und Marut keine gewöhnlichen Menschen waren, sondern eher Engel, die ein großes Geheimnis besaßen. Sie beschloß, sich dieses zu beschaffen, koste es, was es wolle. Sie lud die beiden Engel in ihr Haus ein und bereitete ein Festmahl für sie. Sie gab ihnen das beste Essen und Trinken. Da diesen Engeln eine menschliche niedere Seele gegeben worden war, waren sie verwundbar und korrupt. Unter dem Einfluß von Wein und Musik wurden sie leichtsinnig und vergaßen, daß sie

Engel waren. Sie verliebten sich in Zahra. Als diese sie bat, ihr ihre wahre Identität zu zeigen, offenbarten sie sich und gaben das Geheimnis des höchsten Namens preis. Zahra sprach diesen Namen unverzüglich aus, und sobald sie ihn gesprochen hatte, flog sie auf und verschwand vom Erdboden und wurde dort nie wieder gesehen. Es wird gesagt, daß der Herr der Welten ihr vergab und sie als Stern ans Firmament heftete. Er wird Venus (Zuhra) genannt und erscheint am frühen Morgen oder Abend am Himmel.

Die beiden Engel, die zurückblieben, erholten sich langsam von ihrer Unachtsamkeit. Doch als sie versuchten, den heiligen Namen zu gebrauchen, stellten sie fest, daß sie ihrer menschlichen Form nicht mehr entfliehen konnten. Sie waren untrennbar mit der weltlichen Existenz verstrickt. Und dies, weil sie für einen kurzen Augenblick das Gewand der Erinnerung Allāhs mit dem Gewand der Erinnerung der Welt getauscht hatten. Da dämmerte es ihnen, was ihnen widerfahren war. Sie realisierten, wie sehr die Wahrheit des Gotteswortes die Menschen betrifft, und sie staunten über die Stärke der Propheten und Heiligen, die Allāh nicht einen Augenblick vergessen, obwohl sie Menschen sind. Als Allāh sah, daß sie bereuten, sprach er zu ihnen: „Seht ihr jetzt den Rang der Menschheit und wie sie von Mir geliebt wird? Wenn sie wünschen, sich mir auf eine Handlänge zu nähern, komme Ich ihnen eine Armeslänge entgegen. Wenn sie zu Mir gehen, werde Ich zu ihnen laufen. Wenn sie sich Meiner erinnern, werde Ich Mich ihrer erinnern."

Harut und Marut blieben auf der Erde, sowohl als Lehre als auch als Prüfung für die Menschen. Möchtegern-Studenten der Magie scharen sich um sie, um unterrichtet zu werden, doch sie begegnen ihnen immer mit den Worten: „Wir sind nur eine Versuchung, so seid wachsam! Erinnert Allāh und seid nicht ungläubig." Sie lehrten die Menschen all die esoterischen Künste und Zweige des „okkulten" Wissens: Astrologie, Alchemie, Numerologie, Heilkunst und Magie. Sie geben ihr Wissen jedoch niemals preis, ohne die Möchtegern-Praktikanten zu warnen: Ist ihr oder sein Herz rein, ist sie oder er in Sicherheit. Wenn nicht, laufen sie Gefahr, sich zwischen den niederen Wesen der Erde, den Dschinnen, zu verlieren.

Sechzig Verse erwähnen im Koran die Magie. „Magisch und verführerisch" sind in der Sprache der Engel, Propheten und Heiligen Eigenschaften dieses weltlichen Lebens. In der prophetischen Tradition wird auch der Wortgewandtheit und Poesie etwas „Magisches und Bezauberndes" zugeschrieben. In ihrer stärksten Verwirklichung sprechen diese Künste ihr Publikum ähnlich an wie Zauberei. Auch Musik enthält eine magische Anmutung, welche die Sinne beeinflußt und in einen Zustand der Erhebung und Euphorie versetzt. Diese Dinge können als konstruktive Art der Magie angesehen werden. Dergestalt nutzen sie der Menschheit. Andererseits gibt es eine andere Magie, die Eheleute, Freunde, Brüder und Schwestern voneinander trennt oder anderen schlechte Erlebnisse beschert. Diese Form der Magie kann wegen ihrer Zerstörungskraft nicht akzeptiert werden.

Magie kann sowohl konstruktiv als auch destruktiv sein. Diese Dualität der Magie wird in der Geschichte der beiden Engel reflektiert, die sowohl Menschen als auch Engel sind und deren menschliche Dimension das Vergessen und deren Engelsdimension das Erinnern und Lehren ist. Leute, die heutzutage mit psychischen Kräften vorgehen, sind gleichermaßen in zwei Gruppen zu unterteilen. Es gibt die, welche den Menschen ausschließlich materiellen Nutzen bringen und sie nicht davon abhalten, anderen zu schaden. Die müssen gemieden werden. Sie sind eine Gefahr für sich selbst und für die, welche sie aufsuchen. Dann gibt es jene, die Menschen helfen, ihr Leben auf konstruktive und spirituelle Weise aufzubauen. Die letzteren arbeiten für das Gute und genießen die Unterstützung der Engelsmacht.

Urwa und der Engel des Trostes

DER Engel des Trostes folgt dem Engel der Tränen. Berührt der Engel der Tränen jemandes Herz mit seinem Flügel, beginnt diese Person zu weinen.

Einer der großen Heiligen namens Urwa, der sehr alt geworden ist, beginnt zu beten, Allāh möge ihn zu sich heimholen und ihn unter seinen Geliebten sein lassen.

Eines Tages, als er so ein Gebet am Grab des Propheten Johannes des Täufers in Damaskus spricht, sieht er einen sehr schönen grün gekleideten jungen Mann, der mit strahlendem Licht überdeckt ist und auf ihn zukommt. Der junge Mann lächelt Urwa an und sagt: „O mein Vater, Allāh segne dich! Welches Gebet sprichst du da?"

Urwa erzählt ihm: „O mein Sohn, möge Allāh sich deiner erbarmen! Ich bitte um ein gutes Ende und rasche Rückkehr zu Allāh und um eine ansehnliche Begegnung mit dem Geliebten. Wer bist du, mein lieber Sohn?"

Er sagt: „Ich bin die Gnade deines Herrn, gesandt, die Menschen zu trösten. Mein Name ist Artiyail, und ich bin ein Engel. Ich wurde geschaffen, die Trauer und den Schmerz von der Brust der Gottesgeliebten zu nehmen." Dann verschwindet der Engel und Urwas Trauer geht mit ihm.

Eines Tages gehen die Anhänger eines anderen Heiligen zu einem bestimmten Stamm in Zentralasien. Wochen vergehen, ohne daß sie zurückkehren. Eines Tages meditiert ihr Meister schweren Herzens aus Angst, es könnte ihnen etwas zugestoßen sein. Ein grüner Paradiesvogel kommt zu seinem Fenster und beginnt mit einer Stimme zu singen, die so süß ist, daß sie alle Trauer aus seinem Herzen vertreibt: „Ich bin Artiyail. Ich bin der Vernichter der Traurigkeit! Ich bin der Überbringer guter Nachrichten für die Herzen der Kinder, Männer und Frauen, jung und alt. Ich bringe dir Nachricht von deinen Geliebten." Später sagte der Meister: „Ich wußte, Artiyail würde kommen, doch zuerst mußte ich verzweifeln!"

Artiyail ist der Engel, der den Menschen erlaubt, zu ihrem normalen Leben zurückzukehren und sich von den schmerzhaften Gefühlen der Depression und der Angst zu befreien.

Wisset, daß über Allāhs Freunde keine Furcht kommt und daß sie nicht traurig sein werden ... Ihnen gilt die frohe Botschaft im irdischen Leben und im Jenseits. (10:62, 64)

Diese Krankheiten der Seele sind große Prüfungen, die Allāh den Menschen schickt, um sie zu erinnern, daß sie nicht hinter materiellen Dingen herlaufen sollen und ihr engelhaftes Erbe dabei vergessen. Engel erinnern sich stets an Allāh. Hörten sie auf, würden sie unverzüglich aufhören zu existieren. Gleichermaßen ist es für die Menschen nötig, sich Allāhs in allem, was sie umgibt, zu erinnern, damit sie in Glück und Dankbarkeit leben können.

Allāh befahl den Engeln, denen, die sich Seiner erinnern, zu dienen und die, welche ihn vergessen, zu bekämpfen. Das ist nicht, um sie zu bestrafen, sondern um ihnen zu helfen und sie zu korrigieren. Babies und Kinder weinen, wenn ihnen bittere Medizin gegeben wird. Erwachsene kennen ihr Bedürfnis nach engelhafter Energie des Guten und der Schönheit, und wenn sie sich entscheiden, dieses Bedürfnis zu ignorieren, werden sie daran durch die Medizin der Depression erinnert. Diese ist das Ergebnis des „Schocks im System" für jene, die Allāh, den Schöpfer des Guten und der Schönheit, vergessen. Ein Merkmal engelhafter Natur ist es, fähig zu sein, aus dem Gedenken Allāhs Schlaf und Nahrung zu schöpfen, während wilde Tiere Futter brauchen und nicht schlafen können, ohne ihr Bewußtsein aufzugeben. Wenn Menschen für lange Zeit vergessen, sich Allāhs zu erinnern, bildet sich Rost auf ihrem Herzen. Depression nistet sich ein, und Melancholie findet einen dauerhaften Wohnort. Deshalb sagte der Prophet: „Für alles gibt es eine Politur, und die Politur des Herzens ist das Gedenken Allāhs."

Depression ist eine Erkrankung des Herzens und der Seele, die nur durch Unachtsamkeit möglich wird. Ein wachsames Herz hält Glauben und Hoffnung und Vertrauen wie auch viele Schutzengel an seinem Tor postiert. Es erlaubt auf keinen Fall der Dunkelheit der Depression und dem Zweifel einzutreten. Menschliche Herzen sind ein kostbarer Schatz. Viele Diebe lungern in den umgebenden Schatten und halten Ausschau, ob sie es ausrauben und plündern können. Diebe gehen nicht in ein leeres Haus. Ist jedoch der Besitzer des Schatzes ein Freund Allāhs, so ist der Schatz bewacht. Seine Wächter werden in der Währung des Glaubens und des Gedenkens gefüttert und bezahlt. Wenn kein Glaube da ist, so sind da auch keine Wächter. Kein Gedenken, keine Bezahlung. Ohne Wächter stehen die Palasttore Unerwünschtem offen. Deshalb besteht der Koran darauf:

Und wahrlich, Wir zeichneten die Kinder Adams aus. (17:70)

Die Erklärung dieser Ehre ist der Schatz, den Allāh in die Herzen der Menschen legte.

Engel lehren jene unter den Menschen, die sich mit ihnen verbinden können, sich nicht betrügen und das Engelslicht, das in ihren Herzen enthalten ist, nicht rauben zu lassen.

Die Engel des Freitagsgebets

ALLĀH erschuf den Erzengel Michael und gab ihm die Verantwortung für die Natur, den Regen, für Schnee, Donner, Blitz, Wind und die Wolken. Allāh hat eine komplette Schöpfung von Engeln bestimmt, ihm zu assistieren, und hat sie unter seinen Befehl gestellt. Diese Engel sind unzählbar, und niemand außer Allāh kennt ihre Anzahl. Allāh gab Michael die Macht, die gesamte Spanne der geschaffenen Universen auf einmal zu sehen, ohne Unterbrechung. Er weiß zu jeder Zeit, wohin er den Regen schicken muß, den Wind, den Schnee und die Wolken, ohne daß es ihn Anstrengung kostet.

Die Engel, die ihm assistieren, reichen in der Größe von den für den Menschen größtvorstellbaren bis zur kleinsten Spezies, die auf dieser Erde lebt. Sie füllen die gesamte Atmosphäre von jedem Stern und Planeten in jedem Universum. Ihr Gotteslob kann von den anderen Engeln, von Propheten, von Heiligen und Kindern gehört werden.

Und der Donner lobpreist Ihn ebenso wie die Engel, in Ehrfurcht vor Ihm. Und Er sendet die donnernden Blitze und trifft mit ihnen, wen Er will. Und doch streiten sie über Allāh, wo Er doch alleine die Macht hat, alles zu verwirklichen, was Er will. (13:13)

Michael ist der Engel der Barmherzigkeit, was im Arabischen ein anderer Name für Regen ist. Er wurde aus dem Licht von Allāhs Attribut *ar-Raḥmān*, des Barmherzigen, geschaffen. Man sah ihn nicht mehr lächeln, nachdem die Hölle erschaffen worden war. Er wurde vor Gabriel geschaffen.

Einmal besuchten Gabriel und Michael den Propheten Muḥammad. Der letztere hatte ein Zahnholz in der Hand, das er unverzüglich Gabriel gab, dem Engel, der ihm fortwährend die Offenbarung überbrachte. Gabriel sagte: „O Muḥammad, gib es dem älteren Engel." Der Prophet Muḥammad gab es Michael und sagte dann: „Allāh gab mir zwei himmlische Helfer, meine Botschaft zu verkünden – Gabriel und Michael." Allāh schickte in wichtigen Angelegenheiten der Menschen immer nach Gabriel und Michael.

Gabriel ist im Himmel der Gebetsrufer, und Michael ist der Leiter des Gebets (Imām). Allāh schuf für Sich Selbst ein Haus im Paradies (al-Bayt al-Maʿmūr), zu dem die Engel täglich fünfmal pilgern. Dort werden fünf Gebete verrichtet, und jedes Gebet wird von Gabriel ausgerufen und von Michael angeleitet. Alle Engel kommen mit ihrem Licht und ihrem Schmuck, ihren Juwelen und ihren Düften und singen und preisen Allāh mit ihrer himmlischen Musik. Einige Menschen auf Erden, besonders Kinder, können ihre Stimmen hören. Dieser Klang macht ihnen unbeschreibliche Freude. Jeder Engel singt und lobt in einer anderen Sprache ohne Mißklang oder Disharmonie. Alle bitten Allāh um Gnade für die Menschen und darum, die Stufe der Menschen zu erhöhen, so daß sie diese täglichen Zeremonien sehen und hören können. Um die Engel

hierfür zu belohnen, für die Ernsthaftigkeit ihrer Fürbitte und um ihnen das enorme Ausmaß Seiner Gnade
zu zeigen, ergießt Allāh jeden Augenblick Seine Gnade
auf die Menschen.

Bis zur Zeit Noahs befand sich das Haus Allāhs auf
der Erde. Aus der ganzen Welt kamen die Menschen,
um mit großem Zeremoniell um es herumzugehen, so
wie die Pilger heute um die Kaaba in Mekka gehen.
Als Allāh beschloß, die Große Flut zu schicken, um
die ganze Welt zu ertränken, befahl er Seinen Engeln,
das himmlische Haus hinauf in den vierten Himmel zu
transportieren. Dort steht es bis jetzt, und die Engel
gehen unaufhörlich in feierlicher Weise um es herum.
Es ist in einen Paradiespalast umgewandelt. Der
einzige Rest auf Erden ist der schwarze Stein in der
Kaaba, der früher weiß war wie der Palast, von dem er
kam, doch von den Sünden der Menschheit umwölkt
und geschwärzt ist. Er ist um der Erinnerung willen
auf der Erde zurückgelassen worden. Für alle, die ihn
küssen, ist es, als ob sie Allāh auf Erden die rechte
Hand küssen würden.

So die Engel das himmlische Haus zum Himmel
hochtragen, gürten ihre Waffen die Gebäude ringsum.
Und auf göttlichen Befehl fallen sie in eine Ohnmacht,
und man kann nicht sagen, ob die Engel das Haus
tragen oder das Haus die Engel trägt, da schon die
Aufgabe, die heilige Wohnstätte anzuheben, sie ihrer
Sinne beraubt. Im vierten Himmel schuf Allāh im
Haus eine Kanzel aus grünem Smaragd. Die Menge der
Türen wurde auf drei erhöht. Eine Tür ist aus Topas

gemacht, eine aus grünem Beryll und die letzte aus rotem Gold. Er schuf eine Gebetsnische aus weißen Perlen. Davor machte er einen Trennvorhang aus vielen verschiedenen Edelsteinen. Als nächstes errichtete er das Minarett gegenüber der mittleren Tür des Hauses, das vollständig aus Diamanten besteht.

In der wöchentlichen Gebetsversammlung, wenn die Gebetsrufer auf das Minarett steigen, gibt Allāh Gabriel den Befehl, auf dieses diamantene Minarett zu steigen und zum Gebet zu rufen. Wenn die Engel in allen sieben Himmeln seine Stimme hören, versammeln sie sich alle im vierten Himmel um das himmlische Haus.

Dann steigt der Engel Michael auf die Kanzel und hält die Predigt. Wenn die Predigt zu Ende ist, steigt er herab, und der Engel Isrāfil leitet die versammelten Engel im wöchentlichen Freitagsgebet an. Nach dem letzten Wort des Gebets erhebt sich Gabriel und spricht zu den Engeln: „O meine Engelbrüder! Bezeugt, was ich jetzt sagen werde! Ich gebe alle Belohnungen, die Allāh der Allmächtige heute für mich für den Gebetsruf geschrieben hat, den Kindern Adams – jenen, die heute dem Allmächtigen zuliebe Menschen von allen Arbeiten der Welt zum Gebet gerufen haben." Da steht Michael auf und sagt: „Ihr Versammlung der Engel. Bezeugt meine Worte! Die Belohnung für meine heutige Predigt gebe ich als Geschenk all denen, die heute auf Erden zur Freude Allāhs eine Predigt in der Gemeinschaft gehalten haben." Dann steht auch Isrāfil auf und wendet sich an die Engel: „O ihr Engel Allāhs!

Bezeugt, daß ich alle Belohnungen, die Allāh mir für das Leiten des wöchentlichen Gebets versprochen hat, jedem auf dem ganzen Globus gebe, der heute das Gebet geleitet hat."

Dann schließen sich all die anderen Engel an und sagen: „Allāh schuf uns, die Menschen zu lieben, für sie zu sorgen und ihren Herzen Frieden und Glück zu schicken. Wir sind zugleich ihre Diener und ihre liebenden Wächter. Jeder, den Allāh im Himmel und auf Erden geschaffen hat, muß bezeugen, daß wir die Belohnungen unseres Gebets all denen schenken, die dieses Gebet mit guter Absicht und reinen Herzens gebetet haben."

Der allmächtige Herr der Himmel spricht zu ihnen und sagt: „O Meine geliebten Engel, die Ich aus dem Licht der Liebe und Schönheit erschuf, versucht ihr großmütiger als euer Herr zu sein? Seid gewahr, daß Ich aus der Fülle Meiner Großmütigkeit für jeden Diener an Meinem Hof, dessen Stirn sich heute vor Mir neigte und den Boden berührte, all Meine Gnade bestimmt habe, und auch für Meine Diener, die aus irgendeinem Grund nicht am Gemeinschaftsgebet teilhaben konnten. Ich habe zahllose Belohnungen all jenen gegeben, die diesen Tag ehrten und ihre Köpfe in ehrfürchtigem Gottesdienst neigten."

Der Schutzengel des Gläubigen

FÜR jeden Gläubigen und seine Schutzengel erschafft Allāh einen Baum im Paradies, in dessen Schatten man hundert Jahre gehen kann. Seine Blätter sind aus grünem Smaragd gemacht, seine Blüten aus einem seltenen goldfarbenen Diamanten. Seine Zweige bestehen aus Seidenbrokat. Seine Frucht hat himmlischen Geschmack, und ihr Saft ist Ingwer und Honig. Sein Stamm ist Saphir, sein Boden Moschus, sein Gras Safran. Seinen Wurzeln entspringen endlose Flüsse, die weit und breit fließen. An seinem Fuße steht ein goldener Thron, der für seinen Besitzer errichtet und mit aller Art Schmuck bekleidet ist.

Allāh erschuf spezielle Engel von unvergleichlicher Schönheit, diese Person zu begleiten. Sie stehen zu seinen Diensten mit Gesichtern wie Mondstrahlen und Haar wie Perlenschnüre. Ihre Augen verströmen ein Licht, welches zahllose Fenster zu neuen Schöpfungen eröffnet, nur zu seiner Verfügung.

Michael ist der Hüter der Glockenbäume des Paradieses. Das sind goldene Bäume mit Glocken aus Silber gefertigt, aus jeder Glocke strahlt ein Licht auf eine Entfernung von eintausend Jahren. Engel führen die Bewohner des Paradieses mit dem Licht solcher Glocken. Dieses Licht läßt sie sehen, was kein Auge je zuvor sah, hören, was kein Ohr hörte, noch entdecken, was ein

Verstand sich jemals vorstellte. Allāh sagt zu Michael: „Befiehl dem Glockenbaum, von seinen Zweigen ein Moschus zu verströmen, dessen Duft nie zuvor gerochen wurde, die Bewohner des Paradieses zu erfreuen." Michael befiehlt einem Wind aus Sandelholz, unter Allāhs Thron hervorzuströmen und sich auf diesen Bäumen niederzulassen. Er läßt die silbernen Glocken mit einem so süßen Ton die Luft erfüllen, daß, könnten die Menschen auf der Erde ihn hören, sie sofort sterben würden, so intensiv ist die Freude, ihn zu hören.

Ein Heiliger geht in den Wald, um Holz für seine Feuerstelle zu sammeln. Es ist Winter und schneit heftig. Mitten im Wald sieht er ein Licht. Als er sich dem Licht nähert, sieht er in seiner Mitte einen Mann stehen und hört ihn rezitieren:

> Gelobt sei Allāh, der die Herzen zum Glauben bewegt
> und die Zungen süß sein läßt,
> die Seine Einheit bezeugen,
> der Tyrannen sich vor Sich beugen läßt
> und in Seiner Hand hält aufgerollt wie einen Globus
> was war, was ist und was wird sein!

Der Heilige nähert sich ihm und sagt: „Friede sei mit dir!"

„Und auch mit dir sei Friede, o Heiliger Allāhs!"

„Wer bist du, und wie kennst du mich?"

„Das Licht des Wissens hat mein Herz erleuchtet. Ich kenne dich mit der Gewißheit dessen, der auf dem Thron sitzt. Mein Name ist Michael, der Engel."

„O Michael! Wann erreicht Allāhs Diener den Zustand, heilig zu sein?"

„Wenn die Flagge der Führung über ihm flattert und das Licht des Schutzes ihn umgibt. Dann beginnt der Zustand der Vollkommenheit in ihm zu erscheinen."

„Erzähl mir mehr von diesem Zustand."

„Allāh hat Diener, die spärlich reden, oft wachen und sich mit dem Gewand des Gotteslobs kleiden. Ihre Tränen sind wie Flüsse in der Göttlichen Gegenwart, denn ihre Fürsprache für die Menschen ist ohne Unterlaß. Sie essen nur, was sie zum Überleben brauchen. Sie schlafen nur, wenn die Müdigkeit sie übermannt. Sie reinigen sich, bis sie einen Zustand der Nähe erreichen. Wenn sie nah herangezogen sind, tauscht Allāh ihr Kleid der Armut gegen das Seiner Macht und Großzügigkeit aus. Wer immer sie zu dieser Zeit anschaut, sieht nur Ihn."

Da rezitierte Michael:

Die Gärten von Eden, in die sie eintreten sollen wie auch die Rechtschaffenen von ihren Vorvätern, ihren Frauen und ihrer Nachkommenschaft. Und die Engel sollen zu ihnen durch sämtliche Tore eintreten und sprechen: „Frieden sei mit euch, weil ihr in Geduld standhaft geblieben seid!" Und herrlich ist die Belohnung mit der jenseitigen Wohnung. (13:23-24)

Michael wird von einem Engel namens Donner assistiert, dem Hüter der Wolken, der sie hinschickt, wo immer Michael sie hinzugehen wünscht. Er hält einen riesigen Stock, mit dem er die Wolken schlägt und sie in jede Richtung bewegt, die Allāh wünscht. Die Stimme, die wir hören, wenn es donnert, ist der Klang seiner Lobpreisung. Aus diesem Klang erschafft Allāh Engel, die jeden Tropfen Wasser begleiten, der auf die Erde oder ins Meer fällt. Alle sind unter Michaels Befehl, außer den Schneeflocken. Die Engel, die den Schnee begleiten, kommen herab und bleiben unter den Menschen, um Allāh zu loben und zu preisen. Ihre Belohnungen werden in die Bücher der Menschen aufgeschrieben und am Tag des Gerichts als ihr Verdienst gewertet. Deshalb ist der Schnee ein noch größerer Segen als der Regen.

Die Wolken haben noch einen anderen Schutzengel namens Annan und der Blitz noch einen anderen namens Raphael. Raphael hat vier verschiedene Gesichter: ein himmlisches, ein irdisches und zwei menschliche, eines, das die Menschen im Grab und eines, das sie im Jenseits sehen. Ein Heiliger namens Ghujduwānī erhielt einst einen göttlichen Befehl, der von Michael überbracht wurde, einen bestimmten Berg zu besuchen und mit der göttlichen Kraft, die Allāh ihm verliehen hatte, auf einen Felsen zu blicken. Als er auf den Felsen schaute, begannen Tausende von Quellen aus ihm zu sprudeln und einen riesigen Wasserfall zu bilden. Allāh sprach: „Aus jedem Tropfen dieses Wassers erschaffe Ich einen Engel, dessen Lobpreis bis ins Jenseits reichen wird. Ihre Belohnung wird ins Buch der Menschen geschrieben. Deine Aufgabe, o Ghujduwānī, wird sein, jedem dieser Engel einen unterschiedlichen Namen zu geben, und sie werden unter Michaels Befehl sein."

Indem er Ghujduwānī anwies, Millionen von Engeln Namen zu geben, und ihn befähigte, sie mit ihren individuellen Eigenschaften zu kennen, zeigte Allāh, daß Er ihm engelhafte Schöpfungsmacht und Wissen gab über dem seiner anderen Diener. So ist das Geschenk Allāhs für Seine Heiligen – Er bringt sie dazu, wie Engel zu sein, und prahlt vor der himmlischen Schar mit ihnen.

Die Engel der Blätter, Träume, Vorahnungen, des Einbruchs der Nacht und des Sonnenaufgangs

ALLĀH hat eine Gruppe unter den Engeln geschaffen, die sich von den Schreiberengeln unterscheiden. Sie sind für jeden Garten auf der Erde verantwortlich, für jedes Blatt, das zu Boden fällt, und für alles in der Natur, naß wie auch trocken, grün und auch abgestorben.

Und kein Blatt fällt nieder, ohne daß Er es weiß. Und kein Körnchen gibt es in den Finsternissen der Erde und nichts Grünes und nichts Dürres, das nicht in einem deutlichen Buch stünde. (6:59)

Sie überwachen auch das Geschehen der Menschen oder anderer Wesen, die den Bereich unbewohnter Natur betreten: Ist ein Mensch irgendwo ohne Hilfe, sollte er sagen: „O unsichtbarer Diener Allāhs, unterstütze mich mit deiner Hilfe! Und möge Allāhs Gnade mit dir sein."

Aḥmad ibn Ḥanbal sagte: „Ich machte fünfmal die Pilgerfahrt, und dreimal davon ging ich zu Fuß. Einmal verlor ich in der Wüste den Weg, da sagte ich immer wieder: ‚O Diener Allāhs, führt mich auf den rechten Weg', und nicht lange danach fand ich ihn." Wenn jemand sein Gebet ernsthaft ausführt, werden die Engel ihn führen und ihn vor den Gefahren der Reise beschützen und vor der Feindseligkeit aufsässiger Geister.

Die Engel der Natur sind im Autoritätsbereich des Erzengels Michael. Sie haben Engelslegionen und Scharen unter sich, die für die Menschen um Vergebung bitten. Ihre Fürsprache entspricht der unendlichen Menge der Spezies und Gattungen der Natur, die sie beaufsichtigen. Sie bitten den Herrn und Schöpfer für alles, groß und klein. Selbst Blätter der Bäume bewirken Vergebung für die Menschen, und der Herr der Schöpfung segnet die Menschen durch sie.

Ein bekannter Heiliger reinigte sich in dem Maße, daß er die Fürbitte der Engel, der Blätter der Bäume und die Fürbitte der Engel der Blätter der Bäume und der gesamten Natur hören konnte. Er begann mit ihnen zu rezitieren:

Gelobt sei der Gott der Schöpfung
Der Herr über alles,
der erschuf, bevor der Himmel erhoben
und die Erde geglättet war,
bevor die Berge errichtet waren
und die Quellen zum Fließen gebracht worden,
bevor die Meere gefüllt und die Flüsse gezähmt
    waren,
bevor die Sonne erleuchtet war und der Mond
und die Sterne,
der in das Buch Seines Wissens den Namen schrieb
von jedem einzelnen Regentropfen,
von jedem Blatt und jedem Samen,
der alles besitzt, was vom Himmel herabsteigt
und von der Erde aufsteigt

und was unter ihr wächst,
und Er hat es Seinen Dienern anvertraut,
den treuen, standhaften, unermüdlichen Engeln.

Er schuf auch die Engel der Träume und Vorahnungen. Eine Überlieferung des Propheten Muḥammad sagt: „Der gute Traum ist ein Sechsundvierzigstel der Prophezeiung." Allāh hat besondere Engel geschaffen, die dem Schläfer die Visionen und Klänge zeigen. Diese Bilder nehmen physische Formen an, die im Traum des einzelnen gefühlt werden können. Jeder Traum paßt zu seinem Träumer. Das sieht man daran, daß an einem Platz, wo viele Nichtschläfer sind, der Schläfer etwas sieht, was niemand anderes zur gleichen Zeit sieht. Das ist so, weil jeder Mensch einen persönlichen für ihn zuständigen Engel hat, der die Informationen schickt, die im Traum enthalten sind.

So mögen Träume wahr sein, sofern sie etwas Zukünftiges voraussagen oder etwas zum Ausdruck bringen, das schon geschehen ist. Andererseits kann sich der Traum auch auf einen speziellen Gegenstand des Wissens beziehen, der aus der Erfahrung stammt oder spirituell ist und den Träumer in seinem täglichen Leben betrifft. Es kann auch eine gute Botschaft oder eine Warnung sein.

Abu Baqr ibn Furq schrieb über das Thema von Träumen, die uns vor einem zukünftigen Ereignis warnen, und ihrer Beziehung zum Bereich der Engel. Eines Dienstags nachts im Jahre 1165 schlief er ein. Er sah einen Engel näherkommen, der in einen wunderschönen feinen Lichtkörper gekleidet war. Der Engel sprach zu ihm: „Allāh schuf uns und Er schuf dich. Er ist es, der dich leben und der dich sterben läßt. Er ist es, der dich auferstehen läßt und ins Paradies bringt, Er ist es, der dich nach dem Tod mit deiner Seele verbindet. Alles, was du auf Erden empfängst, ist von ihm." Der Engel verschwand, und der Schläfer erwachte. Er schrieb: „Ich wußte sofort, daß der Engel mich mit allem Wissen versorgt hatte, das ich brauchte, um mein Werk zu vollenden. Als ich aufhörte zu schreiben, umfaßte mein Buch über Engel und Träume 600 Seiten."

Allāh erschuf einen Engel namens Sharahil, welcher der meisterhafte Führer der Nacht ist. Am Ort des Sonnenuntergangs läßt er einen schwarzen Diamanten vom westlichen Horizont hängen. Am Ort des Sonnenaufgangs hält ein anderer Engel namens Harahil, der mit der Dämmerung des Tagelichts betraut ist, einen weißen Diamanten und hängt ihn über den östlichen Horizont. Wie die Pole eines gigantischen Magneten wirken diese Engelsdiamanten, die Rotation der Erde aufrecht zu erhalten und die ordnungsgemäße Abfolge von Tag und Nacht sicherzustellen."

Die Sonne darf nicht den Mond einholen, noch darf die Nacht dem Tag zuvorkommen, sondern alle schweben in der Bahn ihrer Sphäre. (36:40)

Bei der Sonne und ihrem Glanz! Beim Mond, wenn er ihr folgt! Beim Tag, wenn er sie [die Erde] enthüllt! Bei der Nacht, wenn er sie verhüllt! Beim Himmel und was ihn erbaute! Bei der Erde und was sie ausbreitete! Bei der Seele

und was sie bildete und ihr ihre Schlechtigkeit ebenso eingab
wie ihre Gottesfurcht: Wohl ergeht es dem, der sie läutert,
und verlorengeht der, der sie verdirbt. (91:1-10)

Die Sonne scheint nicht aus eigenem Willen, sondern wird jeden Moment von siebzigtausend Engeln
gedrängt und angespornt. Diese Engel reden die Sonne
in sehr strengem Ton an, wie: „Willst du jetzt scheinen, oder sollen wir dich schlagen und steinigen?"

Doch die Sonne antwortet: „Wie kann ich scheinen, wenn ich weiß, daß ich anstelle des Schöpfers
angebetet werde?"

Die Engel fahren fort: „Der Herr befiehlt dir zu
scheinen, also scheine!"

Dies findet fortwährend statt, da die Sonne immer
irgendwo scheint, und manchmal müssen die Engel
ihre Drohungen wahr machen. Darum ist die Sonne mit
Asteroiden „gesteinigt", die auf sie fallen und riesige
Deflagrationen verursachen und enorme Krater bilden.

Engel und das Sprechen in Zungen

EINST, während seiner letzten Krankheit, betete ein Heiliger: „O Allāh! Ich fürchtete Dich, doch heute wende ich mich Dir flehend zu. Du weißt, daß ich Dir diese Welt nie vorgezogen habe. Ich habe nicht versucht, zu betrügen oder zu täuschen, Paläste zu horten und Farmen und Besitztümer voll fruchtbarer Bäume und Vieh und Brunnen. Du weiß, ich verbrachte mein Leben damit, zu versuchen, den Armen zu helfen, die Kranken zu besuchen, denen zu helfen, die darum baten, Fremde willkommen zu heißen und für Deine Schöpfung zu sorgen. Du weißt, ich ging zu den engelhaften Treffen guter Menschen und sang, rief Dich und übte das Gedenken Deiner. Du weißt, ich suchte die Hilfe Deiner Engel. O Allāh, Du weißt, mein Herz sehnt sich nach Dir. O mein Herr! Dieser Liebesschmerz nimmt mir den Verstand und läßt mich ohnmächtig werden. Ich kann es nicht länger ertragen."

Der Heilige lebte sein Leben in Harmonie mit der endlosen Lobpreisung durch die Schöpfung. Der Prophet Muḥammad zeigte seinen Gefährten diesen Gottesdienst, indem er ihnen erlaubte, den Lobgesang Allāhs der Steine, Tiere und Bäume zu hören. Die gesamte Schöpfung lobpreist Allāh unaufhörlich und verneigt sich vor ihm.

Und vor Allāh wirft sich nieder, was in den Himmeln und was auf Erden ist, körperliche Lebewesen ebenso wie Engel, und sie sind nicht zu stolz. (16:49)

Menschen sind zu einer höchst ehrenvollen Stufe erhoben, indem sie mit den Engeln aufgelistet werden. Das ist der Grund, warum Engel spezielle Segnungen auf die Menschen herabregnen lassen, die ihren Schöpfer erinnern, und Allāh brüstet sich mit ihnen vor den Engeln, da er spricht:

Diejenigen, welche sagen: „Unser Herr ist Allāh" und dann sich standhaft wohlverhalten, zu ihnen kommen die Engel hernieder: „Fürchtet euch nicht und seid nicht traurig, sondern vernehmt die frohe Botschaft vom Paradies, das euch versprochen ist! (41:30)

Der Prophet Muḥammad sagte, daß Allāh besondere Engel schuf, die Erde zu durchstreifen, um Menschen zu finden, die sich in Seiner Erinnerung (*dhikr*) befinden. Wenn die Engel so eine Gruppe finden, die Ihn lobt und Seine Namen anruft, rufen sie einander und umschließen diese Gruppe mit immer neuen Schichten aus Engeln, bis sie den nächsten Himmel erreichen, die Entfernung, die Allāh kennt. Dann fragt Allāh seine Engel: „Was tun Meine Diener?" Er fragt nicht, weil Er es nicht weiß, sondern weil Er die Antwort laut ausgesprochen haben möchte für uns, damit wir es wissen.

Die Engel antworten: „Sie lobpreisen Dich und vergrößern Deinen Namen und verherrlichen Dich, und sie rezitieren Deine wunderbaren Attribute!"

Da fragt Allāh: „Haben Meine Diener Mich gesehen?"

Wenn die Engel mit Nein antworten, fragt Gott: „Wie würden sie Mich preisen, wenn sie Mich wirklich gesehen hätten?"

Die Engel antworten: „O unser Herr! Könnten sie Dich sehen, wäre es ihnen nicht möglich aufzuhören, Dich anzubeten, zu lobpreisen und ihre Liebe zu Dir auszudrücken." Dann fragt Allāh: „Was wünschen Meine Diener?"

Die Engel antworten: „Sie wünschen sich Dein Paradies."

Allāh fragt: „Haben sie es gesehen?"

Die Engel antworten: „O unser Herr! Nein, sie haben es nicht gesehen."

„Was, wenn sie es gesehen hätten?" fragt Allāh.

Die Engel antworten: „Könnten sie es sehen, wären sie sogar noch mehr davon angezogen, soweit, daß sie alles im Leben vergessen würden!"

Da fragt Allāh: „Wovor laufen sie weg?"

Die Engel antworten: „Sie laufen vor dem Höllenfeuer davon, das sie sehr fürchten."

„Haben sie es gesehen?" fragt Allāh.

„O unser Herr, nein, sie haben es nicht gesehen," antworten die Engel.

„Was, wenn sie es sähen, was dann?" fragt Allāh.

Die Engel antworten: „Könnten sie Dein Feuer sehen, hätten sie noch größere Absicht, es zu fliehen, so sehr, daß sie alles in ihrem Leben vergessen würden!"

An dem Punkt sagt Allāh: „O meine Engel im Himmel und auf Erden! Ich nehme euch als Zeugen für Mein Wort, daß Ich ihnen vergeben habe."

Einer der Engel sagt: „O mein Herr! Da war einer unter ihnen, der nicht zur Gruppe gehörte, sondern aus anderem Grund zu ihnen kam."

Allāh sagt: „Wenn jemand nur in der Gesellschaft solch einer Gruppe sitzt, so sind seine Sünden vergeben, und er hat nichts zu befürchten."

Wegen seiner Sehnsucht nach Allāh fällt der Heilige in Ohnmacht. Als er aufwacht, fährt er fort: „O Allāh! Du weißt, ich hatte einen Sohn, der als Märtyrer starb, und er sagte mir gerade in seiner Engelsgestalt, daß er in einer Versammlung von Engeln, Propheten, wahrhaften Heiligen, Märtyrern und aufrichtigen Menschen war. O Allāh, laß mich auch in so einer Versammlung sein."

Zu dem Zeitpunkt umgeben ihn die Engel und werden sichtbar für ihn, sie grüßen ihn mit freundlichen Worten. Man kann ihn in die Luft aufsteigen sehen und die Engel bei ihren Namen nennen. Er fängt an zu sagen: „Das ist Artyā'īl, und das ist Harā'īl, und dies ist der Engel des Schattens, und der ist der Engel des Windes und dieser der Engel der Ungeborenen und jener der Engel der Tränen, und dies ist der Engel der See und der der Engel des Donners, und dies ist der Engel Gabriel und jener der Engel Michael, dies ist Riḍwān, der Paradiesengel, und das ist Malik, der Engel der Hölle. Hier sind die Engel des Schlafs und des Traumes und die Engel der Versorgung und die Engel der Vegetation und die Geistengel und die Cherubim und die Seraphim und die Gottesnahen und die Engel der Berge und Raphael, und dies sind die Engel der

Blätter der Bäume und die Engel des Planeten Erde und jene der Sterne und des Monds und der Sonne und der Galaxien ..."

Dann fängt der Heilige in einer Sprache zu sprechen an, die niemand verstehen kann, bis er endlich den Todesengel bittet, seine Seele zu nehmen, damit er seinen Schöpfer erreichen kann und dort als Engelskraft seinen Platz findet. Er stirbt mit offenen Augen, erfüllt von Licht.

Allāhs Rede zu den Engeln und ihre Antworten bilden einen herzschmelzenden Dialog, der die Herzen der Gläubigen ermutigt und erhebt. Allāh sagt uns, daß wir zusammenkommen und einander lieben und helfen sollen und einander vergeben, alles aus dem Grund, daß Er uns erschuf und daß Er uns liebt. Die höchste Form der Versammlung ist die, in der niemand außer Allāh erwähnt oder erinnert wird. Selbst in der Nähe einer solchen Versammlung zu sitzen, ohne daran teilzunehmen, sichert einem die Vergebung in Allāhs göttlicher Gegenwart. Allāh erwähnt uns in einer erhabenen Versammlung und einer weit besseren Versammlung als der unseren, wenn wir Ihn erwähnen.

IN DER ZUKUNFT

Isrāfīl, Erzengel
des Trompetenstoßes

Der große Schrecken wird sie nicht bekümmern, und die Engel werden sie empfangen: „Dies ist euer Tag, der euch versprochen worden war." (21:103)

An dem Tage, da sich die Himmel samt den Wolken spalten und die Engel in Scharen herabgesandt werden. (25:25)

Wie wird es aber sein, wenn die Engel sie mit sich nehmen und sie dabei auf Gesicht und Rücken schlagen! (47:27)

Nachdem Allāh den Thron geschaffen hatte, erschuf Er die Trompete und hängte sie an den Thron. Dann sagte Er: „Sei!" Und der Engel Isrāfīl war. Er befahl ihm, die Trompete aufzunehmen, die wie eine weiße Perle und durchscheinend wie Glas ist. Er machte Löcher in die Trompete entsprechend der Anzahl jedes Geistes und Engels, der in der Schöpfung ohne einen gleichen geschaffen wurde. In der Mitte der Trompete ist eine Öffnung, größer als der Himmel und die Erde zusammengenommen. Isrāfīl kann diese Öffnung von oben bis unten schließen, indem er seinen Mund darüber legt. Die Trompete ist siebzigtausend Lichtjahre lang, und ihr Körper ist in sieben Röhren aufgeteilt. Allāh sprach zu Isrāfīl: „Ich befehle dir, diese Trompete zu blasen, wenn Ich es dir sagen werde." Isrāfīl steht am Fuße des Thrones und erwartet Allāhs Befehl. Er ist Allāh so nah, daß zwischen ihm und seinem Herrn nur sieben

Lichtschleier liegen. Einer seiner Flügel ist im Osten, ein anderer im Westen, einer umschließt die sieben Erden, und der vierte Flügel ist über seinem Kopf, um seine Augen vor dem Licht Allāhs zu schützen.

Eines Tages saß der Prophet Muḥammad mit Gabriel zusammen, und der Himmel öffnete sich. Gabriel erniedrigte sich und schien auf die Erde zu fallen wie in der Niederwerfung, und ein gewaltiger, weißgekleideter Engel erschien dem Propheten Muḥammad und sagte: „O Muḥammad! Allāh schickt dir Grüße und gibt dir die Wahl, ein Engel, ein Prophet oder ein Dienerprophet zu sein."

Und Gabriel offenbarte: *Allāh erwählt Boten von den Engeln und den Menschen. Fürwahr, Allāh ist hörend und sehend.* (22:75)

Dann entfernte sich der Engel. Der Prophet Muḥammad fragte Gabriel: „Wer war dieser Engel?" Gabriel sagte: „Das war Isrāfil. Seit dem Tag, da Allāh ihn erschuf, hat er seine Augen aus Furcht vor Allāh nicht vom Boden erhoben. Zwischen ihm und Allāh sind sieben Schleier aus Licht, und wenn er auch nur durch einen von ihnen sehen würde, wäre er ausgelöscht. Die Wohlverwahrten Tafeln, auf denen die Schicksale der Menschen aufgeschrieben sind, liegen vor ihm. Wann immer Allāh etwas auf Erden oder im Himmel zu existieren erlaubt, wird diese Tafel hochgehoben, und er liest sie. Fällt die Aufgabe in den Bereich des Todesengels, befiehlt Er ihm, sie auszuführen. In meinem Bereich befiehlt Er mir, es zu tun, und in Michaels Bereich befiehlt Er ihm auf gleiche Weise. Ich dachte nicht, daß Isrāfil vor dem Tag des Jüngsten Gerichts zur Erde herabkommen würde, und deshalb fürchte ich mich!"

Am Tag des Gerichts wird Allāh Isrāfil befehlen, die Trompete zu blasen. Beim ersten Ton der Trompete werden alle schlechten Dinge aufgehoben und von der Erde weggenommen werden. Falsches Handeln und alles, was damit zu tun hat, wird verschwinden. Die himmlischen Bücher werden an jedem Ort leuchten. Engel werden erscheinen und die Orte, an denen sie sich in ursprünglichem Zustand befunden haben, offenlegen. Die Erinnerung himmlischer Lehren wird im Bewußtsein der Menschen wieder frisch werden. Das Verhalten von gutem Charakter, Demut, Ehre, Barmherzigkeit und Segen, wird auf die ganze Welt verteilt und die Norm werden. Engel werden sich erstmals eingeladen fühlen, auf der Erde zu wandeln. Niemand wird die Kraft haben, irgendeinen Schaden anzurichten. Gottesglaube und das Wissen spiritueller Dinge werden das tägliche Gespräch eines jeden sein, jung und alt. Das Licht der Engel wird auf der Erde in solchem Maß anwachsen, daß alles Traurige glücklich wird, alles Arme wird reich werden und alles Häßliche schön.

Beim zweiten Ton der Trompete werden alle Wesen im Himmel und auf der Erde in einen Zustand des Erstaunens geraten und sich fürchten. Sie werden auf ihre Gesichter fallen, das Bewußtsein verlieren und glauben, der Jüngste Tag sei über ihnen aufgegangen. Dies ist im Koran beschrieben:

Und da wird in die Posaune gestoßen, und schon werden alle in den Himmeln und auf Erden ohnmächtig, außer denen,

welche Allāh davon ausnimmt. Dann wird noch einmal hin-
eingestoßen, und siehe, sie erheben sich und erkennen. (39:68)

Der Klang dieser Trompete wird so schrecklich und
furchteinflößend sein, daß alle Wesen ihr Bewußtsein
verlieren werden. Die Erde wird beginnen, sich zu
heben und zu senken, die Sterne werden vom Himmel fallen, das Licht wird verschwinden, Sonne und
Mond werden ihr Licht verlieren, und alles wird in
abgrundtiefe Dunkelheit getaucht werden. Die Berge
werden von ihrem Platz springen, zu Staub zerfallen
und als Wolken über dem Meer aufsteigen. Das Wasser
der Meere wird austrocknen. So wie der Wind Spreu
hinwegträgt, so wird die Schöpfung von diesen ver-
heerenden Stürmen hinweggeblasen werden.

Die guten Menschen werden mit Kleidern aus Licht
und Gnade bedeckt werden, welche die Engel in Wellen herabbringen werden. Die Engel werden alle Ver-
fehlungen und beschämenden Handlungen schlagen,
und sie werden wie Staub verschwinden, der von den
Möbeln in einem großen Palast entfernt werden muß.
Als Beruhigung werden sie denen, die an sie glauben,
an diesem Tag Licht und Lächeln schenken, so wie
Eltern ihren Kindern zulächeln. Denn am Jüngsten
Tag gibt es niemanden, der nicht Unterstützung und
Trost braucht.

Beim dritten Ton der Trompete wird Allāh alle
Menschen mit Engelskraft kleiden und schmücken und
sie in die Schar Seiner Diener schicken. Dort werden sie
das göttliche unbeschreibbare Licht bewohnen, das sie
befähigt, das ewige Leben des Paradieses zu erreichen.

224

Die Engel der Gnade
und des Zorns

Siehe, zu denjenigen, welche wider sich gesündigt hatten, sprechen die Engel, wenn sie sie fortnehmen: „Wozu gehört ihr?" Sie sagen: „Wir waren die Hilflosen im Land." Sie sprechen: „Ist nicht Allāhs Land weit genug, so daß ihr hättet auswandern können?" Ihre Behausung ist die Hölle, und schlimm ist die Fahrt dorthin. (4:97)

Sähest du nur die Engel, wie sie die Ungläubigen zu sich nehmen, indem sie ihnen in das Gesicht und auf den Rücken schlagen und sprechen: „Kostet die Strafe des Verbrennens! (8:50)

Die, deren Wissen gegeben ist, werden dann sagen: „Wahrlich, Schande und Unheil trifft heute die Ungläubigen!" Sünder wider sich selbst, die von den Engeln abberufen werden. (16:27-28)

Zu den Rechtschaffenen sprechen die Engel, wenn sie sie zu sich nehmen: „Frieden sei auf euch! Tretet ins Paradies ein für euere guten Taten." (16:32)

O ihr, die ihr glaubt! Rettet euch und euere Familien vor dem Feuer, dessen Brennstoff Menschen und Steine sind. Darüber sind Engel gesetzt, starke und gestrenge, die gegen Allāhs Befehl nicht aufbegehren, sondern alles tun, was ihnen befohlen wird. (66:6)

Und zu Wächtern des Feuers setzten Wir allein Engel ein. Und Wir machten ihre Anzahl lediglich zu einer Versuchung für die Ungläubigen. (74:31)

Sowohl der Engel der Gnade als auch der des Zorns befragen die Sterbenden, wie sie ihr Leben verbracht haben. Die Menschen antworten ihnen: „Wir waren schwach und von Tyrannen unterdrückt, die uns betrogen, deshalb konnten wir nicht der Wahrheit folgen, obwohl wir sie kannten." Doch die Engel werden sie fragen: „Warum seid ihr nicht in andere Länder ausgewandert, wo ihr frei gewesen wärt von Tyrannei? Unsere Entscheidung ist, daß ihr nach dem, was ihr getan habt, beurteilt werdet."

Eine andere Bedeutung ist, daß Engel Allāhs Boten sind, und Allāh ist der Erschaffer von Liebe und Gnade. Allāh erschuf diese Engel aus dem Licht Seines Attributs *ar-raḥmān*, der Gnädige. Sie sind grün, die Farbe der Natur, der Bäume und Gärten, da der Anblick von Grün den Herzen Ruhe und Frieden bringt. Wenn Engel die Menschen befragen, heißt das, sie suchen Entschuldigungen, um sie zu entlasten.

Ein göttlicher Bote weiß, wie die Dinge in Wirklichkeit sind. Der Engel weiß, daß diese Menschen Sünden begangen haben. Er weiß auch, daß die Entscheidung für sie schon getroffen worden ist.

Als erstes sollten wir wissen, daß es für die Engel nicht nötig ist, irgendwelche Fragen zu stellen. Das Befragen macht es den Menschen nur möglich, entschuldigt zu werden, da sie „schwach und unterdrückt" sind. So sind die ersten Worte ihres Plädoyers, „schwach und unterdrückt" (4:97), wie die Eröffnungsrede des Anwalts, die mit Allāhs Begnadigung endet.

In Wahrheit sind diese Engel Anwälte des Friedens zwischen dem Diener und dem Herrn. Sie sind beauftragt, aus dem Mund des Dieners die Entschuldigung hervorzubringen, die Allāh akzeptieren wird, um seine Sünden auszulöschen. Deshalb bemerkt Allāh in den folgenden Versen:

Ausgenommen sind die Schwachen und Unterdrückten unter den Männern und Frauen und Kindern, die sich tatsächlich nicht zu helfen vermögen und keinen Ausweg finden. Für sie gibt es Hoffnung, daß Allāh ihnen vergibt, denn Allāh löscht Sünden aus und vergibt wieder und wieder. (4:98-99)

Die Strenge der engelhaften Höllenwächter ist proportional zur Entfernung der Seele von der Gottesschau im Jenseits. Der große Heilige Bayazīd al-Bisṭāmī sagte: „Es gibt Gläubige, die, bliebe ihnen der Anblick Allāhs im Paradies verhüllt, bitten würden, hinausgenommen zu werden, so wie die Bewohner der Hölle bitten, aus dem Feuer genommen zu werden." Dies ist, weil das Herz, wenn es erst einmal gereinigt ist und die Seele aus dem Körper genommen und in die Welt der Engel gebracht worden ist, mit nichts anderem zufrieden ist als mit dem, was die Engel genießen, dem Antlitz Allāhs. Die Sicht Allāhs, unter Ausschluß von allem anderen, Paradies und Hölle eingeschlossen, ist die Bedeutung wahrer Anbetung, gemäß dem Vers:

Und die Dschinn und die Menschen habe Ich nur dazu erschaffen, daß sie Mir dienen. (51:56)

Diesen delikaten Punkt betreffend sagt der Heilige Naṣīr ad-Dīn:

Als Allāh die Hölle schuf, schuf Er sie
in vollkommener Güte und Barmherzigkeit.
Warte, bis die Schönheit des ‚Gnädigen, des Barm-
    herzigen‘
aus dem Pavillon der Unzugänglichkeit hervor-
    kommt
und dir ohne Zunge oder Menschensprache sagt,
welch Meisterschaft im Wort verborgen ist:
‚Eine Zeit wird kommen,
da Wasserkresse sprießen wird
aus dem tiefsten Höllenloch!‘

Gabriel, der Dienerengel

Wenn ihr euch jedoch einander gegen ihn helft – siehe, Allāh ist sein Beschützer. Und Gabriel und jeder rechtschaffene Gläubige und die Engel werden ihm zur Hilfe kommen. (66:4)

„Wer auch immer ein Feind Allāhs ist und Seiner Engel und Seiner Gesandten und Gabriels und Michaels, dessen Feind ist Allāh; denn siehe, Allāh ist ein Feind der Ungläubigen." (2:98)

Als Allāh den Erzengel Gabriel schuf, machte Er ihn groß und schmückte ihn mit einem himmlischen weißen Kleid, das mit roten Rubinen und Perlen übersät war. Seine Haut ist weiß wie der Schnee. Er hat eintausendsechshundert Flügel. Der Abstand der Flügel untereinander beträgt fünfhundert Jahre. Er hat einen langen Hals, Beine aus roten und grünen Diamanten und gelbe Füße. Er ist von Kopf bis Fuß mit siebzigtausend Safranfedern bedeckt. Auf jeder Feder sind ein Mond und viele Sterne. Zwischen seinen Augen ist eine Sonne. Er erschuf ihn fünfhundert Jahre, nachdem Er Michael geschaffen hatte. Jede Nacht badet er in einem Fluß im Paradies. Wenn er aus dem Fluß auftaucht schüttelt er das Wasser ab. Aus jedem der siebzigtausend Tropfen, die von ihm kommen, erschafft Allāh einen Engel, der Allāhs Haus im Paradies bis zum Tag des Gerichts umkreist. Vor dem Morgengrauen taucht

Gabriel wieder in einen der Flüsse ein, die zur Rechten des Thrones fließen. Da ist er dann mit Licht über Licht bedeckt und Majestät über Majestät. Er taucht auf und schüttelt sich, und aus jedem Tropfen, der aus seinen Federn kommt, schafft Allāh siebzigtausend Engel, die Er zur Erde schickt, auf daß sie nicht vor dem Jüngsten Tag zurückkehren. Sie sollen sich um die Menschen kümmern, sie beschützen, ihnen helfen, sie unterhalten und ihnen in verschiedenster Form erscheinen. Dann steht Gabriel vor Allāh mit zitternden Knien. Aus jedem Zittern schafft Allāh einhunderttausend Engel, die nur mit Allāhs Erlaubnis sprechen. Wird ihnen Erlaubnis gewährt, sind ihre einzigen Worte: „Es gibt keinen Gott außer Allāh." Diese Engel bitten für all jene der Erdenbewohner um Vergebung, die glauben, daß es keinen Gott außer Allāh gibt.

Allāh läßt Gabriel an der Tür der Dienerschaft stehen, die Würde der Herrschaft anzuerkennen, im Feld der Dankbarkeit für Allāh zu spielen und Seine majestätische Macht zu kennen. „Ich habe dir viel gewährt", sagt Allāh zu ihm, „so höre, was dir geoffenbart worden ist: Du bist Mein Gesandter für Meine Propheten, und du bist meine Flagge der Führung."

In der Göttlichen Gegenwart ist Gabriels Name „Diener Allāhs", ʿAbdallāh. Unter diesem Namen ist er bei den Engeln bekannt. Er wird immer in einem grünen Umhang gesehen, der den Raum zwischen Himmel und Erde ausfüllt. Gabriel erschien dem Propheten viele Male in Gestalt verschiedener Menschen. Eines Tages bat der Prophet Muḥammad darum, Gabriel in seiner ursprünglichen Form sehen zu dürfen. Gabriel sagte ihm, er könne ihn nachts an einem bestimmten Platz treffen. Als der Prophet zum verabredeten Ort kam, sah er Gabriel mit weit ausgestreckten Flügeln am Himmel stehen, und da waren weder Himmel noch Horizont mehr zu sehn. Er bedeckte den gesamten Himmel rund ums Firmament. Auch Hamza, der Onkel des Propheten Muḥammad, bat darum, Gabriel in seiner ursprünglichen Form sehen zu dürfen, und der Prophet sagte ihm: „Das kannst du nicht." Als er darauf bestand, wies er ihn an, sich auf eine Bank nahe der Kaaba zu setzen. Dann befahl er ihm, die Augen zu erheben und zu schauen. Als er seine Augen ein klein wenig hob, sah er Füße aus grünem Smaragd, und er verlor augenblicklich das Bewußtsein. Gabriel verschwand.

Gabriel ist einer der Führenden unter den Gottesnahen. Wenn Allāh einen Diener, der singt und seinen Herrn anruft, erwähnt, sagt Er zu Gabriel: „Lobe diesen Menschen, denn er lobt Mich." Dann läßt Gabriel alle Himmelsbewohner diesen Menschen loben.

Allāh gab Gabriel die Verantwortung, nach den Bedürfnissen der Menschen auf Erden zu schauen. Er spricht zu ihm: „O Gabriel, kümmere dich um das Herz meines Gläubigen. Nimm aus dem Herzen meines gläubigen Dieners die Süße, die in Meiner Liebe erfahren wird. Laß mich seh'n, wie er sich nach Mir sehnt und ob seine Liebe aufrichtig ist." Dann sagt Er: „Gib ins Herz meines Dieners das zurück, was du genommen hast, denn er ist treu. Ich gebe ihm mehr."

Eines Tages kam Gabriel weinend zum Propheten Muḥammad. Als der Prophet Muḥammad ihn fragte, warum er weine, erwiderte er: „Und warum nicht weinen? Ich schwöre bei Allāh, daß, seit Er die Hölle erschuf, meine Augen nicht zu weinen aufhörten, aus Angst, ich könnte einen Fehler machen und Er könnte mich dort hineinwerfen."

Und er sagte: „Allāh sprach zu dieser Welt, ‚O Welt! Sei hart und schwierig für die, die Mich lieben. Sei ein Gefängnis für sie, so daß sie sich verzehren, zu Mir zu gelangen, und sich nach dem Paradies als Befreiung sehnen."

Gabriel kam zu einem Propheten immer mit vier anderen Engeln. Er sagte: „Allāh schuf in diesem Universum ein Königreich, dessen Bewohner die besten gescheckten Pferde reiten. Jedes von ihnen trägt eine Schachtel, die einen himmlischen Schatz enthält. Die Lebensspanne jedes Einwohners wie auch die jeden Pferdes beträgt eintausend Jahre. Du kannst weder ihren Anfang noch ihr Ende sehen." Er wurde gefragt: „Wer sind sie?"

Er antwortete: „Habt ihr nicht Allāh sagen hören ‚Niemand kennt Seine Soldaten außer Ihm?' Ich sehe sie, wenn ich aufsteige und wenn ich absteige; ich weiß nicht, woher sie kommen oder wohin sie gehen. Ihr Königreich besteht aus siebzig Planeten aus Gold, siebzig Planeten aus Kampfer und siebzig Planeten aus Amber. Hinter diesen Planeten sind siebzigtausend andere. Auf jedem Planeten ist eine unendliche Zahl von Engeln, die nichts von Adam und seinen Kindern weiß. Sie werden für einen völlig anderen Gottesdienst gehalten. Nie sahen sie ein Geschöpf, das Allāh nicht gehorchte. Sie warten auf Allāhs Befehl, was den Schatz, den sie hüten, angeht, und gebrauchen ihn nicht für sich selbst."

Wenn fast jeder auf diesem Planeten gestorben ist, bittet Allāh den Todesengel, alle verbliebenen Seelen der einzelnen geschaffenen Wesen zu holen, und fragt ihn dann: „Wer ist noch übrig?"

Der Todesengel antwortet: „O mein erhabener Herr, da sind nur noch Gabriel, Michael, Isrāfīl und ich."

Allāh sagt: „Nimm die Seele von Isrāfīl." Dann fragt Allāh: „Wer ist noch übrig?"

Der Engel des Todes spricht: „Gelobt seist Du! Da sind nur noch Michael, Gabriel und ich selbst übrig."

Allāh sagt: „Nimm die Seele von Michael." Dann fragt Er: „Wer ist übrig?"

Der Todesengel sagt: „O mein Herr, nur Gabriel und ich selbst sind übrig."

Dann spricht Gott: „Stirb, o Todesengel."

Dann wendet sich Allāh Gabriel zu und fragt: „Wer ist noch übrig, Gabriel?"

Gabriel antwortet: „Nur Dein Antlitz bleibt, o mein Herr, und Gabriel, der tot und ausgelöscht ist." Dann sagt Allāh zu ihm: „Du mußt sterben." Und augenblicklich geht Gabriel in die Niederwerfung, schüttelt seine Flügel und stirbt. Dann spricht Gott: „Ich vollbrachte die Schöpfung, und Ich bin derjenige, der sie zurückbringt."

Gabriel wird der zweite Engel sein, der wieder zum Leben erweckt wird, nach Isrāfīl, der die Trompete der Wiederauferstehung bläst. Er wird am Jüngsten Tag für die Waage der Taten der Menschen verantwortlich sein.

Engel und materielle Energie

„Warum bringst du uns keine Engel, wenn du glaubwürdig bist?“ Wir senden die Engel nur aus trifftigem Grund. Aber dann gibt es für sie keinen Aufschub mehr! (15:7-8)

„Nimmer glauben wir dir, [...] bis du den Himmel in Stücken, wie du es behauptest, auf uns niederfallen lässest oder Allāh und die Engel als Bürgschaft bringst“. (17:90/92)

Und diejenigen, die nicht auf Begegnng mit Uns hoffen, sagen: „Warum werden keine Engel zu uns herabgesandt?“ oder „Warum sehen wir nicht unseren Herrn?“ Wahrlich, sie denken viel zu hoch von sich und vergehen sich schwer. Der Tag, da sie die Engel sehen werden, an diesem Tage wird es für die Sünder keine frohe Botschaft geben, und die Engel werden sprechen: „Absolut verboten!“ (25:21-22)

Die Ungläubigen weigern sich, an Allāh zu glauben, an Seine Engel und Seine Offenbarungen. Sie glauben nur an materielle Dinge. Für sie ist der Glaube an das, was man sieht, und an das Materielle naheliegend. Solche Menschen sind blind für die Wirklichkeit, die zu sehen Allāh Kinder, Propheten, Heilige und Gläubige befähigt hat. Jenen ist die Kraft gegeben, die Engelwesen, die sich unter uns befinden, zu fühlen und zu sehen und diese spirituellen Dinge zu visualisieren. Wenn wir solche Dinge mit gläubigen Augen sehen, werden wir die Empfänger der Bilder, welche von den spirituellen Boten geschickt werden, und empfangen diese ganz klar. Wir visualisieren sie als reale Bilder in unserem täglichen Leben.

Energie ist eine Form von Engelskraft. Menschen ist versprochen, sie benutzen zu dürfen. So wie wir die Instrumente entwickeln können, diese Energien mit größerer Feinheit zu benutzen, können wir mehr und mehr sichtbare Kräfte in der materiellen Welt erlangen. Die Energie, die benutzt wird, eine Lampe anzuzünden, einem Lautsprecher Kraft zu verleihen, Bilder im Fernsehen zu sehen, ein Auto zu fahren, einen Satelliten zu starten und uns im Winter warm und im Sommer kühl zu halten, ist immer die gleiche. Nur die Instrumente ändern sich. Auf die gleiche Art ändern sich Engelenergien von einer Person zur anderen. Die Quelle ist eine und dieselbe. Wenn Menschen sich zu höheren Stufen der Reinheit entwickeln, können sie diese Energie benutzen, um kraftvolle und für andere sichtbare Gottesdiener zu sein, und sie selbst werden zu Boten dieser Engelsmacht.

Engel und ihre Macht werden nicht herabgesandt, um die Lust und die Neugierde von Ungläubigen zu befriedigen. Sie werden geschickt, Allāhs Dienern Inspiration zu bringen, Seine Gebote auszuführen, den Menschen im täglichen Leben zu helfen und ihre Probleme zu lösen. Sie ziehen Kinder auf und beschützen sie während der Kindheit, um alle Menschen auf die höchste Stufe zu bringen, die sie in der Göttlichen Gegenwart erreichen können. Engel und ihre Engelsmacht helfen nicht Tyrannen und Unterdrückern, diese Welt zu beherrschen. Statt dessen schauen sie nach weichherzigen Menschen, um sie zu führen und sie zu unterweisen, diese Welt in Ordnung und von spiritueller und materieller Verschmutzung rein zu halten. Sie ziehen ihre Energie von jedem zurück, der versucht, der Natur, den Tieren oder Menschen zu schaden oder sie aus selbstsüchtigen Gründen auszubeuten.

Der Ursprung der Engelsmacht steht auf dreihundertsechzig Säulen. Jede Säule kann das gesamte sichtbare Universum tragen. Der Abstand zwischen einer Säule und der nächsten beträgt fünfhunderttausend von Allāhs Jahren, und *„ein Tag in der Sicht Allāhs ist wie tausend eurer Jahre“.* (32:5)

Allāh hat für diese Engelsmacht eine Million sechshunderttausend Köpfe geschaffen. Jeder Kopf hat eine Million sechshunderttausend Gesichter. Jedes Gesicht ist eine Million sechshunderttausendmal größer als dieses Universum, und jedes Gesicht hat eine Million sechshunderttausend Münder. Jeder Mund hat eine Million sechshunderttausend Zungen. Jede Zunge lobpreist Allāh in eine Million sechshunderttausend verschiedenen Sprachen. Für jede Lobpreisung erschafft Allāh eine Million sechshunderttausend Engel. Alle diese Engel werden am Tag des Gerichts sagen: „O Gott, gib die Belohnung für unseren Lobpreis Deinen gläubigen Dienern unter den Menschen.“

Erzengel Azrāʾīl
und die anderen Todesengel

Könntet ihr nur sehen, wie die Ungerechten vom Tod gepei-
nigt werden, während die Engel ihre Hände ausstrecken und
sprechen: „Gebt eure Seelen heraus!" (6:93)

Sprich: „Der Engel des Todes, der euch zugeteilt ist,
wird euch holen. Dann werdet ihr zu eurem Herrn zu-
rückgebracht." (32:11)

In diesem Vers werden der Todesengel und seine
Helfer gesandt, die Seelen derer zu nehmen, denen es
bestimmt ist zu sterben. Wer ist der Todesengel? Als
Allāh Adam erschaffen wollte, schickte Er einen der
Thronengel, etwas Lehm von der Erde zu holen, damit
Er Adam daraus gestalten könnte. Als der Engel zur
Erde kam, den Lehm zu holen, sprach die Erde zu ihm:
„Ich flehe dich an bei dem Einen, der Dich gesandt hat,
nichts von mir zu nehmen, aus dem jemand gemacht
wird, der eines Tages bestraft werden wird." Als der
Engel mit leeren Händen zurückkam, fragte ihn Gott,
warum er keinen Lehm mit zurückgebracht habe.

Der Engel sagte: „Die Erde flehte mich bei Deiner
Größe an, nichts von ihr zu nehmen." Da sandte Allāh
einen anderen Engel, doch das gleiche geschah, und
dann noch einen, bis Allāh sich entschied, Azrāʾīl zu
schicken, den Todesengel. Die Erde sprach zu ihm, wie
sie es zu den anderen getan hatte, doch Azrāʾīl sagte:

„Allāh zu gehorchen ist besser, als dir zu gehorchen, selbst wenn du mich mit Seiner Größe anflehst." Und Azrā'īl nahm Lehm vom Osten und vom Westen der Erde, vom Norden und vom Süden und brachte ihn Allāh. Allāh goß etwas Paradieswasser auf den Lehm, und er wurde weich, und daraus erschuf Er Adam.

Abraham fragte einst Azrā'īl, der zwei Augen vorne im Kopf und zwei hinten hat: „O Todesengel, was tust du, wenn ein Mann im Osten stirbt und einer im Westen oder wenn ein Land von einer Plage heimgesucht wird oder sich zwei Armeen bekämpfen?" Der Engel sprach: „O Gesandter Allāhs, die Namen dieser Menschen sind auf der Wohlverwahrten Tafel vermerkt, in der alle menschlichen Schicksale eingraviert sind. Ich schaue unaufhörlich darauf. Sie informiert mich über den Moment, da das Leben jedweden lebenden Wesens auf Erden zu Ende geht, sei es eines der Menschen oder eines der Tiere. Es gibt außerdem einen Baum bei mir, der Lebensbaum genannt wird. Er ist mit Myriaden winziger Blätter übersät, kleiner als die Blätter des Olivenbaums und weitaus zahlreicher. Wenn auf Erden ein Mensch geboren wird, sprießt ein neues Blatt am Baum, auf dem der Name des Menschen geschrieben steht. Durch diesen Baum weiß ich, wer geboren wird und wer sterben muß. Wenn ein Mensch auf das Ende zugeht, beginnt sein Blatt zu welken und zu trocknen, und es fällt vom Baum auf die Tafel. Dann wird der Name des Menschen von der Wohlverwahrten Tafel gestrichen. Dieses Ereignis findet vierzig Tage vor dem tatsächlichen Tod des Menschen statt. Wir werden vierzig Tage im voraus über seinen bevorstehenden Tod in Kenntnis gesetzt. Dieser Mensch mag es nicht wissen und lebt vielleicht sein Leben auf Erden voll Hoffnung und voller Pläne weiter. Doch wir hier in den Himmeln wissen darum und haben die Information.

Deshalb hat Allāh gesagt: ‚Euer Lebensunterhalt ist in den Himmeln geschrieben und beschlossen‘, und das schließt die Lebensspanne ein. In dem Augenblick, da wir im Himmel das Blatt welken und sterben sehen, mengen wir es unter die Versorgung dieses Menschen, und vom vierzigsten Tag vor seinem Tod an beginnt er sein Blatt vom Lebensbaum zu verspeisen, ohne es zu wissen. Dann bleiben nur noch vierzig Tage seines Lebens in dieser Welt, und danach ist keine Versorgung mehr für ihn da. Dann rufe ich mit Allāhs Erlaubnis die Geister zusammen, bis sie sich genau vor mir befinden, und die Erde wird geglättet und liegt wie ein Teller vor mir, von dem ich mich bediene, wie ich möchte, mit göttlichem Befehl.“

Ein König ging einst auf eine Reise zu einer seiner Provinzen. Er machte sich in prächtiger Aufmachung und stolzerfüllt auf den Weg. Ein ärmlich gekleideter Mann näherte sich ihm und grüßte ihn vom Straßenrand, doch der König antwortete nicht. Der Mann nahm die Zügel des königlichen Pferdes, und keiner der königlichen Soldaten konnte ihn bewegen, zu gehen. Der König schrie: „Laß die Zügel los!“

Der Mann sprach: „Zuerst gewähr mir eine Bitte.“

Der König sagte: „Laß die Zügel los, und ich verspreche, deine Bitte anzuhören.“

Der Mann sagte: „Nein, du mußt sie sofort anhören", und er zog fester an den Zügeln.

Der König fragte: „Wie lautet deine Bitte?"

Der Mann antwortete: „Laß es mich in dein Ohr flüstern, denn es ist ein Geheimnis."

Der König beugte sich hinab, und der Mann flüsterte ihm zu: „Ich bin der Todesengel."

Der König wurde blaß und stammelte: „Laß mich heimgehen, mich von meiner Familie verabschieden und meine Angelegenheiten in Ordnung bringen."

Doch Azrā'īl sagte: „Bei dem Einen, der mich schickte, du wirst deine Familie und deinen Reichtum in dieser Welt nicht wiedersehen!"

Auf der Stelle nahm er seine Seele, und der König fiel wie ein gefällter Baum vom Pferd.

Der Todesengel setzte seinen Weg fort und sah einen Gläubigen allein auf der Straße gehen. Der Engel grüßte ihn, und er erwiderte die Grüße. Der Engel sagte: „Ich habe eine Nachricht für dich."

„Ja, mein Bruder, wie lautet sie?"

„Ich bin der Todesengel."

Das Gesicht des Gläubigen erstrahlte mit einem großen Lächeln. „Willkommen, willkommen!"

Er sagte: „Allāh ist mein Zeuge, daß ich auf dich sehnlicher als sonst jemanden gewartet habe."

„O mein Bruder!" sprach der Todesengel, „vielleicht gibt es etwas, das du noch erledigen möchtest, so geh und kümmere dich darum, es besteht keine Eile."

Der Gläubige sagte: „Allāh ist mein Zeuge, daß ich nichts sehnlicher wünsche, als meinen Herrn zu treffen."

Da sprach der Engel: „Wähle, wie ich deine Seele nehmen soll, denn mir wurde befohlen, dich zu fragen."

„Der Gläubige sprach: „Dann laß mich zwei Rakats des Gebets verrichten, und nimm meine Seele, wenn ich in der Niederwerfung knie."

Eines Tages war der Meister der Asketen, Ibrāhīm ibn Adham, an der Küste, es war ein Tag voller Schnee. Schwere, dunkle Wolken füllten den Himmel, und er zitterte vor Kälte. Er verrichtete das Gebet auf einem Holzbrett und verbrachte die ganze Nacht in Meditation. Am frühen Morgen nahm er eine Dusche und machte aus dem Holz eine kleine Hütte, sich vor dem Wetter zu schützen. Er nahm die Meditation wieder auf und dankte Allāh für sein Leben. In dem Augenblick sagte Allāh zum Todesengel: „Die glühende Liebe Meines Dieners Ibrāhīm ist zu schwer für ihn geworden, deshalb geh hinab, nimm seine Seele und laß ihn in mein Paradies eintreten." Der Todesengel glaubte, Ibrāhīm ibn Adham wäre wie die anderen, daß er nicht bereit wäre, seine Seele zu geben, und Widerstand leisten würde. Er verbarg sich hinter sieben Schleiern, so daß er nicht erkannt werden konnte, und erschien Ibrāhīm als sehr alter Mann. Er sprach zu ihm: „O mein Bruder, kannst du deine Hütte mit mir teilen?"

Ibrāhīm antwortete: „Es ist nicht nötig zu teilen, ich werde sie dir überlassen, da ich seit letzter Nacht darauf warte, daß du kommst und mich zu meinem Herrn bringst."

Der Todesengel war sehr erstaunt und fragte ihn: „Wie hast du mich trotz meines Schleiers erkannt?"

Ibrāhīm antwortete: „Als Allāh dir befahl, meine Seele zu holen, war ich dort mit dir anwesend. Nimm mich und laß mich in der Gegenwart meines Geliebten sein."

Eines Tages trat der Todesengel in König Salomons Gegenwart, blickte intensiv auf einen seiner Untergebenen und verschwand. Der Mann fragte Salomon: „Wer war das?"

Der sagte: „Das war der Todesengel."

Der Mann sprach: „Er hat auf mich geblickt, als ob er meine Seele wollte!"

Salomon sagte: „Was soll ich tun?"

Er sprach: „Ich möchte, daß du dem Wind befiehlst, mich mitzunehmen und nach Indien zu bringen, so daß ich in Sicherheit bin."

Salomon rief den Engel der Winde zu sich, der mit seinen sechshundertsechzig Flügeln vor ihm erschien. Er trug alle Winde in seinen Flügeln. Er nahm den Mann in einen seiner Flügel und brachte ihn nach Indien. Da kam der Todesengel wieder zu Salomon, und Salomon sagte ihm: „Ich sah dich nach einem meiner Leute schauen."

„Ja", antwortete der Engel, „ich war erstaunt, ihn hier bei dir zu sehn, da ich Befehl habe, ihn von einem Platz in Indien abzuholen."

Dede Korkut war der tapferste Krieger seiner Zeit. Seine Heldentaten erreichten einen Punkt, an dem er sich im Land unbesiegbar fühlte und er die gesamte Schöpfung herausforderte, ihn und seine tapferen jungen Männer zu besiegen. Allāh hörte seine Worte, und sein Stolz gefiel ihm nicht. So schickte er ihm den Todesengel, seine Seele zu holen. Azrā'īl kam zu ihm, als er in seinem Palast feierte, und stellte sich wortlos vor ihn. Dede Korkut sagte: „Ich sah dich nicht hereinkommen. Wer bist du?"

Der Engel antwortete: „Ich bin niemand, der von euresgleichen Erlaubnis braucht, und ich kam, dir eine Lektion zu erteilen."

Der junge Mann sprang unverzüglich auf die Füße und befahl, den Besucher zu fangen, doch der verwandelte sich in einen Vogel und flog durch den Kamin hinaus. Dede Korkut befahl, sein Pferd zu satteln, und jeder eilte in wilder Verfolgungsjagd hinter dem merkwürdigen Vogel her. Bald war er mitten im Wald verloren, als der Engel plötzlich wieder vor ihm erschien. „Jetzt habe ich dich!" rief Dede Korkut aus.

„Nein," sagte der Engel, „ich habe dich!", und er brachte ihn vom Pferd herunter und stellte sich auf seine Brust, ihn auf der Erde festnagelnd.

Dede Korkut begann zu weinen und sagte: „Ich fühle mich schwächer als jemals zuvor. Was hast du mit mir gemacht?"

Azrā'īl sagte: „Ich bin der Todesengel, so mach dich bereit, dieses Leben zu verlassen."

Er antwortete: „Ich flehe dich an, mir mehr Zeit zu geben, und ich entschuldige mich bei dir, wenn mein Prahlen dich verletzt hat."

Azrā'īl sagte: „Entschuldige dich nicht bei mir und fleh nicht mich an. Ich bin ein Geschöpf wie du und befolge nur die Befehle des Allmächtigen."

Dede Korkut sagte: „Dann geh mir aus dem Weg und verschwende nicht meine Zeit!", und er betete zu Allāh: „Vergib mein Prahlen, o mein Gott, und gib mir noch eine Chance, da ich mich entschuldige, dich angegriffen zu haben. Du bist der Allmächtige über Deiner Schöpfung."

Allāh gefielen Dedes Worte, und Er wies Azrā'īl an, ihm Aufschub zu gewähren. Azrā'īl sagte: „Allāh entschied, dich leben zu lassen unter der Bedingung, daß du jemanden findest, der bereit ist, an deiner Stelle zu sterben."

Dedes Korkut dachte: „Ich werde meinen Vater fragen, er ist alt und wird sich mir nicht widersetzen." Er ging zu ihm und erzählte ihm seine Geschichte, doch der sagte: „Ich habe mich mein Leben lang abgemüht, um meine alten Tage zu genießen. Es tut mir leid, aber ich bin nicht bereit, für dich zu sterben."

Dede Korkut dachte: „Meine Mutter wird mich sicher nicht ablehnen." Er ging zu ihr, doch sie sagte: „O mein Sohn! Ich gab dir schon viele Male mein Leben, als ich dich gebar, dich nährte, dich aufzog und für dich sorgte. Nun muß ich den Rest meines Lebens an der Seite deines Vaters verbringen, als Gesellschaft für seine alten Tage."

Der junge Mann war niedergeschlagen und ging nach Hause, dem Tode geweiht. Als seine junge Frau seine Trauer bemerkte, fragte sie, was ihn bedrücke, und er sagte: „O meine geliebte Frau, der Todesengel ist kurz davor, zu kommen und mein Leben zu nehmen, es sei denn, jemand ist bereit, für mich zu sterben, und mein eigener Vater und meine Mutter haben es abgelehnt, so wen kann ich jetzt noch finden?"

Seine Frau antwortete: „O mein geliebter Mann, warum hast du nicht mich gefragt? Ich bin glücklich, dir zu geben, was selbst dein Vater und deine Mutter dir nicht geben können. Nimm mein Leben, so daß deines verschont bleibt." Als Dede Korkut, der erbarmungslose Krieger, diese Worte hörte, schmolz sein Herz, und Tränen stiegen ihm in die Augen. Er wandte sich zu Allāh und sprach: „O mein Herr, vergib mir. Nimm mein Leben und verschone meine Frau, denn sie ist wertvoller und tapferer als ich."

Wieder freute sich Allāh über Dedes Worte, und Er entschied, beide zu verschonen, Dede und seine Frau. Statt dessen schickte Er Azrā'īl, das Leben seiner Eltern zu nehmen, da sie mit einem langen und glücklichen Leben gesegnet waren.

Allāh schrieb auf die Handflächen des Todesengels in Lichtbuchstaben: „Im Namen Allāhs, des Gnädigen, des Barmherzigen." Er befahl dem Engel, wenn er die Seele eines Gotteswissenden zu nehmen hat, ihm diese Buchstaben aus Licht zu zeigen, welche die Seele des Wissenden aus dem Körper kommen lassen, wie Eisen vom Magnet angezogen wird oder wie Licht, das zu seiner Quelle zurückkehrt.

Der Prophet überlieferte, daß David niemandem erlaubte, in seiner Abwesenheit sein Haus zu betreten, und er verschloß immer alle Türen, wenn er ausging. Eines Tages ging er für eine bestimmte Sache aus, und als er zurückkam, fand er einen Mann in seinem

Haus vor, der da stand und auf ihn wartete. David war überrascht, ihn zu sehen, und fragte ihn, was er dort mache. Der Mann antwortete: „Ich bin der, welcher keine Erlaubnis braucht, um einzutreten, der Könige nicht fürchtet und dem niemand widerstehen kann."

David sagte: „Dann bist du der Todesengel, so sei willkommen in großer Liebe, denn ich wartete begierig auf den Moment, da ich mit meinem Geliebten sein kann." Und der Todesengel nahm Davids Seele.

Die Engel des Grabes

Selbst wenn Wir Engel zu ihnen herniedergesandt und die Toten zu ihnen gesprochen und Wir alle Dinge vor ihnen versammelt hätten, hätten sie doch nicht geglaubt, es sei denn, Allāh hätte es gewollt; jedoch, die Mehrzahl von ihnen ist unwissend. (6:111)

In diesem Vers zeigt Allāh, daß Teufel und Ungläubige die Engel und den Glauben an Allāh nicht anerkennen, selbst wenn Allāh ihnen alle Arten von Zeichen schickt. Allāh hat zwei Engel geschaffen, die jeden Menschen, der ins Grab kommt, besuchen, seien sie Gläubige oder Ungläubige. Ein Engel heißt Munkar, der andere Nakīr. Sie erscheinen in ein blaues Licht gekleidet und mit großen goldenen Augen mit diamantenen Pupillen, die schnelle Blitzschläge aussenden. Ihre Stimme ist laut wie der Donner, ihre Zähne sind wie Smaragde, ihr Duft der von Rosen. Sie haben feines langes Haar. Sie bringen alle Arten himmlischer Schätze in einer Hand und alle Arten von Bestrafung in der anderen. Ist die Person ein Gläubiger, öffnen die Engel das Grab und vergrößern es siebzigfach, schmücken es mit ihrem Licht und verwandeln es in einen Ort des Paradieses, der mit aller Art Freuden gefüllt ist bis zum Tag des Gerichts. War die Person ein Ungläubiger, werden sie sein Grab immer kleiner werden lassen, bis er Druck auf seinen Knochen fühlt, und in dieser Position wird er bis zum Tag des Gerichts gelassen.

Durch ʿAlī ibn Ṭālib wird überliefert, daß, als ʿUmar ibn al-Khaṭṭāb starb und die Menschen ihn begruben, die beiden Todesengel Munkar und Nakīr ihm erschienen und die Kleider und Lichter des Paradieses brachten, um ihn damit zu bekleiden. Sie fragten ihn: „Wer ist dein Herr?"

Er antwortete: „Warum stellt ihr diese Frage? Wißt ihr nicht, wer mein und euer Herr ist?"

Sie antwortete: „Wir sind es, die fragen, und du antwortest!"

ʿUmar sagte: „Ich kann nicht sehr laut sprechen. Bitte kommt näher, daß ich euch meine Antwort geben kann."

Als Munkar und Nakīr näher kamen, boxte ʿUmar dem einen Engel ins Auge, trat den anderen und rief: „Wie könnt ihr es wagen, mich zu fragen, wer mein Herr ist? Denkt ihr, ich vergesse meinen Herrn, wo ich grade erst aus kurzer Entfernung ins Grab gekommen bin und vor kurzem noch gebetet habe, während ihr aus so weiter Entfernung kommt? Geht zurück und fragt euch erst einmal selbst!"

Als der große Heilige Abū Yazīd al-Bisṭāmī starb und sie ihn ins Grab brachten, sahen ihn einige in ihren Träumen, und er sagte: „Die beiden Engel kamen, um mich zu befragen. Als sie mir die Frage stellten ‚Wer ist dein Herr', antwortete ich: ‚Ich liege hilflos vor ihm! Warum fragt ihr mich? Fragt lieber Ihn, ob ich Sein Diener bin. Sagte Er euch, daß ich es bin, muß ich geehrt werden und in die höchsten Stationen im Paradies erhoben werden.'

Die beiden Engel sagten: ‚Dies ist ein merkwürdiges Gespräch, das einen doch erstaunt. Was soll das bedeuten?' Ich antwortete: ‚Wundert euch nicht so sehr über meine Worte, ich habe noch mehr davon! Als Allāh der Allmächtige mich aus Adams Lenden hervorbrachte und ihn und alle seine Nachkommen fragte: ‚Bin Ich nicht euer Herr?', war ich einer von denen, die sagten: ‚Ja, Du bist unser Herr.' Wo wart ihr in der Zeit? Wart ihr dort?'

Die Engel antworteten verblüfft: ‚Nein.' Ich fuhr fort: ‚Ihr wart nicht da! Doch ich erinnere diesen Tag, als wäre es gestern. Deshalb laßt mich in Frieden und stellt euch nicht zwischen mich und Ihn!'

Einer der Engel sagte zum anderen: ‚Das ist Abū Yazīd. Er lebte trunken vor Gottesliebe, er starb trunken mit der gleichen Gottesliebe, und er wurde mit der Liebe zu Allāh ins Grab gelegt. Wenn er am Tag des Gerichts gerufen wird, auch dann wird er trunken sein von Gottesliebe.' Dann verließen sie mich."

Eines Tages wohnte der Prophet Muḥammad der Beerdigung eines seiner Gefährten bei. Auf dem Weg zu seinem Grab ging der Prophet sehr vorsichtig auf Zehenspitzen, als ginge er auf Eiern. Sie begruben den Gefährten und kehrten heim. Da fragten die Gefährten den Propheten: „Wir sahen heute etwas sehr Seltsames."

Der Prophet sagte: „Ich war erstaunt, heute so viele Engel zu sehen, daß da kein Platz war, meine

Füße zu setzen! Die Engel Allāhs füllten jeden Platz, und sie begleiteten diesen Menschen zu seiner letzten Ruhestätte."

Viele Menschen können die Todesengel sehen und hören, wie die folgende Geschichte beschreibt. Eines Tages starb ein reicher Mann, und sein Sohn wollte ihn auf besondere Weise ehren. Er ließ folgende Anfrage in der Stadt bekanntmachen: „Wer in Gesellschaft meines Vaters eine Nacht im Grab bleiben kann, dem werde ich einen Sack Goldstücke geben."

Ein alter, sehr armer Holzfäller, der eine große Familie zu ernähren hatte, sagte: „Ich werde das Angebot annehmen, und es wird mir helfen, meine Kinder aufzuziehen."

Er folgte der Bahre, bis sie den Mann begruben und ihn im Grabe zurückließen, das war wie ein Raum, in den der Sarg hineingestellt war. Und der Holzfäller bereitete sich vor, die Nacht in Meditation zu verbringen.

Als es Nacht wurde und er stille dasaß, begann er Stimmen zu hören, die in verschiedenen Zungen sprachen, einige vertraut, andere fremd. Er fürchtete sich, doch da die Tür verschlossen war, konnte er nicht hinausgehen und mußte bis zum Morgen warten. Er nahm das Seil, das er zum Holztragen benutzte, schnitt ein Stück ab und stopfte es sich in die Ohren, um keine Stimmen mehr zu hören. Jedoch, so sehr er auch die Ohren verschloß, hörte er doch die Stimmen immer lauter. Das Herz rutschte ihm in die Hose, seine Füße und sein ganzer Körper schlotterten vor

Angst bei dem, was er hörte. Dann hörte er hinter sich Fußschritte herankommen.

Als diese Fußschritte sich näherten, fiel ihm auf, daß nicht ein Mann, sondern Hunderte von Männern sich näherten. In Panik schloß er seine Augen, ängstlich, irgend etwas zu sehen. Er fühlte eine Berührung an seiner Schulter und hörte, wie jemand ihn beim Namen nannte. Er erstarrte und fragte sich, wer das war, der dieses verschlossene Grab betreten hatte und ihn nun beim Namen nannte. Er versuchte, seine Augen zu öffnen, doch es gelang ihm nicht, zu groß war seine Furcht. Dann fühlte er, wie jemand ihn schüttelte, und er öffnete die Augen und schaute hinter sich. Er sah ein riesiges Licht das Grab fühlen, hell wie die Sonne, und er sah zwei Engel auf einem Thron sitzen, umringt von Hunderten anderer Engel, die sie zum toten Körper trugen, auf daß die Befragung beginnen könnte. In dem Augenblick fiel ihm jeder einzelne Fehler ein, wie klein auch immer, den er in seinem Leben begangen hatte, doch er war erleichtert, daß die Engel nicht kamen, ihn zu befragen, sondern den toten Mann, der neben ihm lag. Während der unangenehmen Szene hörte er die beiden Engel zueinander sprechen: ‚Da ist der tote Mensch, und hier ist ein Lebender. Wir haben Zeit, den ersten zu befragen, doch was ist mit dem anderen? Er könnte weggehen, so ist es besser, mit ihm zu beginnen und den Toten später zu befragen.‘

Er wußte, daß es kein Entkommen aus den Händen der Engel gab, und er ergab sich dem Willen Allāhs. Sie sagten: „Du! Der-und-der (sie nannten ihn beim

Namen), komm näher!" Es widerstrebte ihm sehr, sich ihnen zu nähern, doch er hatte keine Wahl. Sie sagten: „Wir werden dich nicht nach dem fragen, was du in der Vergangenheit getan hast, doch wir werden dich nach deinen gegenwärtigen Taten fragen. Was trägst du von den Freuden der Erde bei dir?" Sie durchsuchten ihn, fanden jedoch nichts als eine Axt und ein Seil, die Werkzeuge eines Holzfällers. Sie sagten: „Sag uns, wie du diese beiden Stücke bekommen hast. Wie hast du dein Geld verdient, mit dem du sie gekauft hast? Hast du sie rechtmäßig erlangt, im Schweiße deines Angesichts, oder auf andere Weise?"

Der Mann brauchte vom Abend bis zum Morgen, den Engeln auf diese einfachen zwei Fragen befriedigende Antworten zu geben: Wie hast du die Axt bekommen und wie das Seil? Am Morgen hörte der Mann Schritte. Er realisierte, daß der Sohn des toten Mannes kam, um die Tür zum Grab zu öffnen. Der Holzfäller schrie um Befreiung, die ihm lieber und kostbarer erschien als alle Freuden des Lebens. Er rannte hinaus, da sagte der Sohn des toten Mannes zu ihm: „Nimm dein Geld!" Im Weglaufen antwortete der Holzfäller ihm: „Wegen einer Axt und eines Seils haben sie mich bis zum Morgen befragt, wenn ich diesen Sack Geld annehme, fragen sie mich vielleicht ewiglich! Behalt dein Gold für dich und die Reichen. Ich möchte den Rest meines Lebens in Liebe zu Allāh verbringen!"

Engel, die in den letzten Tagen
Frieden bringen

Erwarten sie (etwas anderes), als daß Allāh ihnen im Schatten der Wolken erscheint, und auch die Engel? Doch dann wäre die Sache schon entschieden. (2:210)

In den letzten Tagen wird das Böse auf der Erde ausgerottet werden. Überall wird Frieden strahlen. Es ist überliefert, daß am Ende der Zeit Jesus wiederkommen und auf das weiße Minarett in Damaskus herabsinken wird, seine beiden Hände auf den Schultern zweier Engel. Er wird zwei Gewänder tragen, die leicht mit Safran gefärbt sind. Er wird von einem Nachkommen des Propheten Muḥammad begrüßt werden, der auf ihn mit vierzigtausend Engeln warten wird zusammen mit den Gläubigen, die auf göttliche Rettung warten. Sie werden zusammen beten und Allāh bitten, sie mit Unterstützung zu versehen, Tyrannei und Unterdrükkung zu zerstören, Frieden zu verbreiten und Liebe und Glück. Allāh wird den Engel Gabriel schicken, der Jesus, dem Sohn Mariens, und Mahdī, dem Enkel des Propheten Muḥammad, eine Botschaft bringen wird. Die Botschaft wird lauten: „Allāh hat dir Erlaubnis gegeben, göttliches Licht zu benutzen, um die ganze Menschheit zum Himmel zu erheben und das Böse und die Unterdrückung zu überwinden." Dann werden sie den Antichristen und seine Armeen am Lat-Tor in der

Nähe von Jerusalem treffen. Eine Reihe großer Kämpfe werden folgen, an deren Ende Jesus den Antichristen, der der Feind Allāhs ist, töten wird. Allāh wird dann Jesus, Sohn von Maria, und Mahdī, den Nachfahren des Propheten, zu den Herrschern der Welt in dem Frieden machen, der dem großen Krieg dann folgen wird. Jesus wird zu jener Zeit heiraten, Kinder aufziehen, sterben und in Medina in der Nähe des Propheten an einem Platz beerdigt werden, der dort für ihn freigehalten wird. Friede sei auf ihnen und auf den Engeln!

Denkt nicht, ich habe euch vergessen, ihr Engel!
Wahrlich, auch wenn die Kluft zwischen uns groß
    ist,
lieb ich euch noch immer, und meine Briefe an euch
werden nie enden.
Meine Liebe für euch wird sich niemals ändern.
Meine Gefühle sind wie eine Quelle,
die in eure Meere fließt.
Ich habe die Ablenkungen von meinem Selbst
    verlassen,
um mich euch zuzuwenden.
Eure Welt hat meine übernommen und scheint
    über ihr.
Ich werde den Herrn mit euern Worten preisen,
nicht mit meinen.
Mit eurer Ernsthaftigkeit, nicht meiner,
mit euerm Duft und Licht, nicht meinem.
O Allāh, erhalte das Strahlen Deiner Engel
immer auf mir!

Heilige mit Engelskraft

Von dem Herrn der Himmel und der Erde und was zwischen
beiden ist, dem Erbarmer. Keiner kann seine Stimme vor Ihm
erheben an dem Tage, an dem der Geist und die Engel auf-
gereiht sein werden. Nur der wird reden dürfen, dem es der
Erbarmer erlaubt und der das Rechte spricht. (78:37-38)

Allāh zeigt mit diesen Worten, daß die Engel aus
Seiner höchsten Schöpfung sind. Sie stehen an zweiter
Stelle nach Ihm, und sie sind Seine Boten der Offenbarung, die Seinen Propheten geschickt wird. Er hat sie
geehrt, indem Er sie das erstaunliche Wissen auf zwei
Arten eröffnen läßt: spirituell und phänomenal. Er eröffnet es spirituell, indem Er die Propheten dieses Wissen in himmlischen Büchern hervorbringen läßt und
so andere zum Glauben und ehrenvollen Benehmen
führt, welches für die Diener Allāhs charakteristisch
ist. Er eröffnet es phänomenal, indem Er die Herzen der
Menschen inspiriert, die sichtbare Welt zu erforschen
und zu entdecken und empirische Daten zu sammeln.
So erreichen sie die am höchsten entwickelte Techno-
logie, die wahrscheinlich in irgendeinem Jahrhundert
von ihnen erreicht werden kann.

Dies öffnet ein anderes Fenster zum Verständnis der
Rolle der Engel bei den Menschen. Wissenschaftler
benutzen tatsächlich die Energien, die von den Engeln
auf dieser Erde abstrahlen, um technologisches Wissen

aufzubauen. Durch den Gebrauch der Engelsenergie erlangen sie eine vollkommenere Lebensweise: im Erziehen, Helfen und Heilen von Bedürftigen.

Spirituelle Menschen nutzen die Engelskraft als Erkundungsweg zu verschiedenen Zwecken. Sie benutzen diese im Bewußtsein, daß es eine spezielle Gabe Gottes ist. Er gibt ihnen ein heiliges und edles Gut, das die Potenz hat, zahllose Körper außer ihrem eigenen zu regieren. Diese Fähigkeit wird als „die Engelskraft in ihnen" bezeichnet. Solche spirituellen Menschen sind in islamischer Spiritualität als *Abdal* bekannt, als ‚die Veränderten‘. Sie können sich in der Zeit eines Lidschlags von einem Platz zum anderen bewegen. Sie können zur gleichen Zeit am ersten und am zweiten Platz leben und doch die Erscheinung ihres ursprünglichen Selbst beibehalten. Dies wird Allgegenwart genannt. Bekannte *Abdal* in der Gschichte der Sufis sind al-Junaid, ‘Abd al-Qādir Jilānī, Jalāluddīn Rūmī, Muḥyiddīn ibn ‘Arabī, Manṣūr al-Ḥallāj.

Gelehrte Sufiheilige wie diese, auch bekannt als wissende Heilige oder Gnostiker (*‘ārif*, pl. *‘ārifūn*), haben bestätigt, daß es eine andere Welt zwischen der der menschlichen Körper und der der Engel gibt, und haben diese Welt „imaginale" Welt genannt. Die imaginale Welt ist feiner als die irdische und doch dichter als die Welt der Engel. Diese Eigenschaft der imaginalen Welt erlaubt es den Abdal, in der Dimension zu reisen, so wie wir es beschrieben haben.

Die Methode, die von diesen spirituellen Menschen benutzt wird, kann als Selbstbefreiung von den Kräften der Erdanziehung bezeichnet werden. Alles sehnt sich nach seinem Ursprung, und der Körper sehnt sich nach der Erde, was durch die Erdanziehung bewirkt wird. Der Geist jedoch sehnt sich nach dem himmlischen Reich, das aufwärts zieht. Diese Abdal waren in der Lage, die gegensätzlichen Elemente Erde-Himmel oder hoch-runter in sich selbst auf solche Weise auszubalancieren, daß das Element Erde, das einst über das andere herrschte, nun von jenem dominiert wird und ihm folgt.

Der Verstand dominiert das Bewußtsein in solchem Maße, daß einige gesagt haben, das Bewußtsein ist im Gefängnis des Verstandes.

Ist der Verstand von der destruktiven Sorte, wird dieser Mensch sein Wissen und seine Selbsterkundung benutzen, zu verletzen, statt zu heilen. Laserstrahlen können sowohl zur Zerstörung als auch zur Heilung verwendet werden, doch in beiden Fällen sind es die gleichen Strahlen. Balanciert der Verstand nicht ausgewogen zwischen richtig und falsch und gut und böse, dann wird das erworbene Wissen in unangemessener Weise benutzt werden.

Herrscht jedoch das Bewußtsein vor und spielt eine größere Rolle, wird es an einem Punkt den Verstand dominieren und sicherstellen, daß er von der Sehnsucht, Gutes zu tun, beherrscht wird. Das ist das Beste für den einzelnen und die Menschheit insgesamt, da dieser Mensch fortwährend motiviert sein wird, sein Wissen dazu zu benutzen, anderen zu helfen und ihnen zu dienen.

So ist es bei dem Körper, der den Geist gefangen-hält: der Mensch, der die beiden Pole in sich balan-cieren kann, wird als Weiser qualifiziert sein. Weiter vorne auf dem Weg, wenn dieser Mensch sich mehr in die himmlische Richtung entwickelt, kann er den Geist benutzen, den Körper zu beherrschen, und jene Kräfte erlangen, welche die Fesseln der Erdanziehung durchschneiden. Dies befähigt ihn, den Geist zu ge-brauchen, die Masse des Körpers zu bewegen, nicht nur seinen eigenen, sondern auch die von anderen. Solch ein Geist, wenn er sich mit seiner Engelskraft verbin-det, wird eine Form von Energie und Licht werden. Diese Wesen können Masse in höherer Geschwindig-keit bewegen, als der Verstand begreifen kann.

Deshalb können jene frommen Menschen, die als Heilige oder Abdal bekannt sind, in jedem schwie-rigen Moment und an jedem Ort, den sie wünschen, auftauchen. So helfen sie Menschen und lehren sie. Die allgegenwärtige Erscheinung eines Menschen an vielen Orten ist wie das Spiegelbild des gleichen Körpers im Spiegel einer engelhaften Kraft. Dieser Spiegel pro-duziert aber Tausende von Bildern zur gleichen Zeit, nur daß diese Bilder in jedem Punkt so wirklich sind wie das Original, das reflektiert wird.

Allāh wird aus der Erinnerung Seiner Selbst (*dhikr*) für jeden dieser verwirklichten Menschen einen Engel erschaffen, der Engel des Ausdrucks (*an-naṭiq*) genannt wird. Der Engel ist angewiesen, das Herz des gläubi-gen Gottesdieners zu bewohnen. Seine Aufgabe ist es, diesen Diener im Vierundzwanzig-Stunden-Zyklus fortwährend über seine Pflichten und Aufgaben zu informieren, neben den bekannten Pflichten des Gottesdienstes. Dieser Informationsfluß schafft eine weitere Möglichkeit für den Heiligen, andere Menschen durch die Kraft seines Herzens zu erreichen.

Desweiteren wird Allāh ihn befähigen, die kleinste Zelle seines Körpers zu hören. Der Engel spricht zu ihm und erklärt, warum Allāh sie geschaffen hat, welchem physischen Zweck sie im Körper dient, was sie vergiften und was sie heilen kann. Sie wird ihn auch unterrichten, wie er sich selbst von jeder Störung seines Körpers und wie er andere durch seine erworbene Engelsenergie heilen kann.

Die Engelskraft des Heiligen ermöglicht es ihm so, sich frei mit jeder Zelle seines Körpers zu unterhalten, als ob er zu einer anderen Person, die im selben Raum sitzt, sprechen würde. Diese Fähigkeit wird ihm das Verständnis dafür eröffnen, daß der menschliche Körper an die engelhafte Kraft angeschlossen ist, die größer und noch weniger ermeßlich als dieses gesamte Universum ist. Tatsächlich ist jede Zelle eine Welt für sich. Sie wird von aller Art unendlich kleiner spiritueller Arbeiter bewohnt. Ihre Funktion ist es, das System der Lebenskraft der Zelle am Laufen zu halten. Eine Fabrik braucht alle Arten von Werkzeugen und Maschinen, Arbeitskräften und Managern, um sie am Leben zu halten und vor jeder Art von Fehlern und Zerstörung zu schützen. Auf gleiche Weise, wissenschaftlich gesprochen, hat die Zelle ihr eigenes Abwehrsystem gegen Eindringlinge von außen: Diese

Verteidigung wird durch den winzigen Engelsstoff produziert, den Allāh zu dem Zweck erschuf.

Wenn der Heilige immer empfänglicher für sein inneres Hören und Sprechen wird, konzentriert er seine gesamte Kraft. Die legt er in sein Herz als einzigen und ausschließlichen Fokus.

Dieser Prozeß kann mit der Konzentration von Licht verglichen werden, welches nicht verbrennt, wenn es auf Papier gestreut wird, jedoch wenn es unter einem Vergrößerungsglas zu einem Strahl gebündelt wird. Zu dem Zeitpunkt ist der Heilige fähig, das gesammelte Engelslicht aus seinem Herzen zu schicken, um jeden Menschen auf dieser Erde oder jedes himmlische Wesen dort oben zu erreichen. Der kontinuierliche Aufbau dieser Engelskraft im Herzen des Heiligen erlaubt ihm, an himmlischer Schau teilzuhaben und himmlisches Wissen zu erlangen. Dies geht solange, bis der Tag kommt, an dem ein unbeschreibliches Licht am Horizont seines Herzens auftaucht. Dieses Licht weitet sein Herz in unendlichem Maße. Es nimmt alle verbleibenden Schleier hinweg, die bis hierher verhindert haben, die Wirklichkeit der himmlischen Welt zu erreichen. Währenddessen befiehlt Allāh den Engeln, jedem in seiner Station, Pflicht und Position, diesen Gläubigen über drei Dinge zu unterrichten: den Grund seiner Erschaffung, seine Position im göttlichen Plan und seine Pflicht in der Schöpfung. Jeder einzelne dieser Engel wird daraufhin diesen Gläubigen schmücken. Sie werden ihn mit einer Art Geschenk ausstatten.

An einem bestimmten Punkt wird er „ausgedehnt", was in der Sprache der Mystiker bedeutet, daß er in einen feinen Lichtkörper gehüllt wird, dasselbe Licht, das Engel kennzeichnet. Dieser Körper ist für andere Menschen nicht sichtbar. Doch sie können das Licht fühlen, das vom Körper des Heiligen abstrahlt, und werden zu ihm hingezogen wie Eisen zum Magneten.

Wenn Menschen zu diesem heiligen Wissenden hingezogen werden, darf er jedoch nicht zeigen, daß er anders als sie ist, und vorgeben, über ihnen zu stehen. Er muß ein Werkzeug der Engelskraft sein. Stolz zu sein bringt ihn in die gleiche Kategorie wie Satan. Obwohl Satan Engelskraft besessen hat, fiel er wegen seines Stolzes aus dem Himmel, und diese Kraft wurde ihm genommen. Der Heilige darf Engelskraft nur in konstruktiver Weise benutzen, zum Glück und Wohlergehen der Menschen. Er muß das tun, ohne von jenen, denen er hilft, etwas zu erwarten. Engel wünschen nie etwas für sich selbst, sondern sie bitten immer um das Wohl der Menschen.

Kinder sind nicht in die niederen Wünsche verstickt, welche das Herz ihrer Engelskraft berauben. In Wahrheit haben sie den Rang von Heiligen, auch wenn es ihnen nicht bewußt ist, weniger noch als ihren Eltern und Verwandten. Das Kind, das sagt, daß es Visionen hat und geistige Schau, spricht die Wahrheit, während die Eltern, die die Aussagen des Kindes hören, sie durch das Raster des Verstandes sieben und sie für unwahrscheinlich halten. „Ich habe Musik gehört", „ein Engel kam zu mir", „Menschen kamen

und verschwanden", „sie brachten mir Geschenke",
sind häufige Aussagen von Kindern, die diese Bemer-
kungen von sich geben, wenn das Ereignis stattfindet.
Das Kind kann sich nicht kontrollieren. Der Heilige
jedoch hält all diese Ereignisse vor anderen verborgen.

Zwischen dem Wissen der Kinder und dem Wissen
des wissenden Heiligen besteht ein vermittelnder Zustand des Wissens, das „vorzeitige Heiligkeit" genannt
werden kann. In dem Zustand erleben viele Menschen
Besuche und geistige Schau und Klänge, die entweder
selten oder auch häufig sind. Diese Ereignisse scheinen
zusammenhanglos und vielleicht sogar wirr, wie wenn
jemand in einer fremden Sprache angesprochen wird
und Mühe hat zu verstehen. Der Grund dafür ist,
daß jene, welche die Erfahrung machen, noch nicht
den Zustand der Reinheit erreicht haben, der ihnen
erlauben würde, sich fließend mit der Engelskraft zu
unterhalten. Wie Kinder können sie nicht anders, als
diese Erfahrungen zu berichten, sobald sie auftreten
oder kurz danach, auf eine Art, die ihnen oder anderen
vielleicht oder auch nicht verständlich ist.

Das Glück, das diese Erzähler von Engelbesuchen
beim Erzählen ihrer Erfahrung empfinden, ist wie das
Glück eines Kindes, dem Süßigkeiten oder ein Diamant
angeboten werden. Das Kind wird mit der Süßigkeit
glücklich sein und den Diamanten vergessen. Unser
Ziel muß jedoch der Diamant bleiben. Es ist für jeden
wichtig, sich immer wieder auf das Ziel auszurichten:
die fortwährende Verbindung des Herzens mit der
Engelskraft in jedem Augenblick seines Lebens.

Jeder menschliche Geist entwickelt sich aus dem Punkt, an dem er vor Allāh anwesend war und vor Ihm am Tag der Versprechen die Wirklichkeit des irdischen Lebens, des Lebens im Grab und des ewigen Lebens bezeugte. Diese Entwicklung besteht aus Veränderungen von einem Bild zum anderen. Das Gewand, das die Seele im vierten Monat ihres Lebens in der Gebärmutter annimmt, wird bis zum Tod behalten. Im Grab wird ein anderes Kleid angelegt, das auch verfällt. Schließlich nimmt die Seele den Körper des Jenseits an. Dieser Körper verwandelt sich zu der Zeit, da er unter die Engel tritt, in einen Engelskörper, wie wir schon in bezug auf den Koranvers „*Und tritt ein unter Meine Diener!*" (89:29) erwähnt haben.

Der Engelskörper wird sich immer weiter verändern, fortwährend und ewiglich, von einem exzellenten Kleid zu einem noch exzellenteren, entsprechend Allāhs unendlicher Schöpfung der Stufen des Paradieses. Jedes Paradieskleid öffnet eine neue Stufe, wenn es getragen wird. Wenn jemand diese neue Stufe sieht, wünscht er sich, sie zu erreichen. Er legt dieses neue Gewand mit göttlicher Erlaubnis an. Und eine Auferstehung von einer Paradiesebene zur nächsten setzt sich ad infinitum fort. Dieses erstaunliche Phänomen zeigt das gewaltige Ausmaß von Allāhs Schöpfungsmacht.

Vor dem Paradies, in jeder Periode der Entwicklung von einem Gewand zum anderen, kann der einzelne seine Umgebung und den Zustand, in dem sie ist, verstehen. Er wird in dem speziellen Zustand leben und ihn erfahren. Doch er kann die anderen Zustände nicht verstehen. Ein Mensch ist praktisch in dem Zustand, in dem er sich befindet, eingesperrt und kann keine anderen Zustände sehen. Auf der anderen Seite kann der, welcher den vollständigen Zustand der Heiligkeit erreicht, alles von Anfang bis Ende verstehen. Dies unterscheidet den normalen Menschen vom Heiligen. Ein Heiliger hat schon das feine Lichtgewand erlangt, das ihn befähigt, die Vergangenheit, die Gegenwart und die Zukunft in einem kurzen Augenblick zu sehen. Tatsächlich kann er das Wissen der Seelen von dem Moment an erlangen, da sie vor Allāh standen, bis zum Augenblick, da sie in diese Welt kamen, das Grab betraten, auferstanden und wieder vor Allāh standen und das Paradies betraten. Diese Wirklichkeit wird in der folgenden prophetischen Tradition ausgedrückt, in der einer der Gefährten des Propheten Muḥammad von diesem gebeten wurde, den Anwesenden einen kurzen Blick seiner Engelsvision zu gewähren.

Ḥārith ibn Laman sagte: „Einmal ging ich zum Propheten, und er fragte mich, in welchem Zustand ich den Tag verbracht hätte. Ich antwortete: ‚Als wahrhaft Gläubiger.‘ Dann fragte mich der Prophet nach dem Zustand meines Glaubens. Ich antwortete: ‚Ich sehe den Thron Allāhs und die Menschen des Paradieses einander helfen und die Menschen der Hölle in der Hölle klagen. Vor mir sehe ich acht Himmel und sieben Höllen, so klar wie Götzenanbeter ihre Götzen sehen. Ich kann jeden einzelnen unterscheiden, so wie ein Müller Weizen von Gerste unterscheiden kann: wer zum Paradies gehen wird und wer in der Hölle vorgefunden wird. Vor mir sind die Menschen wie Fische oder Ameisen. Soll ich schweigen oder fortfahren?" Der Prophet befahl mir aufzuhören und nichts mehr zu sagen." [siehe ABŪ ḤANĪFAH, *Al-fiqh al-akbar*].

Einer dieser verwirklichten Heiligen aus jüngerer Zeit sagte: „Ich traf einen Engel, der am Ufer eines riesigen Ozeans stand. Ich grüßte ihn, und der Engel antwortete: ‚Und Friede sei auf dir und die Gnade Allāhs.' Dann sprach der Engel mich bei meinem Namen an und fragte: ‚So-und-so, wie geht es deinem Scheich, dem Meister der Abdal?' Und er benannte ihn. Ich antwortete ihm, indem ich ihm gute Nachrichten von meinem Scheich überbrachte, dann fragte ich ihn, woher er ihn kannte. Er zeigte Erstaunen und antwortete: ‚Meinst du, wir kennen ihn nicht? Jeder in unserem Reich kennt und respektiert ihn. Als Allāh ihn in seinen Rang erhob, informierte Er jeden in Seiner Schöpfung, alle Engel und jedes einzelne Geschöpf auf Erden, daß diese Person die Station von ‚Ich liebe ihn' erreicht hat, und ich möchte, daß jeder ihn liebt. Deshalb lieben ihn jeder Stein, jeder Baum, jedes Tier, jeder Engel und jeder Dschinn.' Ich sagte: ‚Es gibt ein paar Menschen auf der Erde, die ihn töten wollen, da sie eifersüchtig auf seine Engelskraft und seine Macht sind.' Der Engel sagte: ‚Es ist unmöglich, daß irgend jemand den töten kann, den Allāh liebt und zur Engelsmacht erhoben hat.' Der Engel fuhr fort: ‚Dein Meister kann das Bild jedes geschaffenen Dings in diesem Universum sehen und hören. Es gibt nichts in diesem Universum als diese geschaffenen

Reflektionen. Sie repräsentieren Engel, Menschen und jedes Element, belebt oder unbelebt, und sie alle preisen ihren Herrn. Der gesamten Schöpfung, ausgenommen die Menschen, die nicht die Stufe der Engelsschau erreicht haben, ist ein Wissen gegeben, den Lobpreis und die Hymnen von jedem anderen zu hören, in welchem Planetensystem des Weltraums oder in welcher Existenz sie sich auch bewegen mögen. Jeder lobt seinen Herrn in seinen eigenen Attributen und in den Worten seiner eigenen Sprache. Allāh gibt jedem das Verständnis der Sprache des anderen, erlaubt ihm aber nicht, sie zu benutzen. Er muß seine eigene Sprache benutzen.'

Ich unterbrach den Engel: ,Selbst die unbelebten Elemente können den Lobpreis der anderen verstehen?' ,Ja, selbst sie können verstehen. Ein Stein ist für das menschliche Auge unbelebt, doch er ist ein lebendes und lobpreisendes Geschöpf. Hast du nicht von denen gehört, welche die Steine in Gegenwart des Propheten und seiner heiligen Gefährten lobpreisen hörten?'

Er fuhr fort: ,Wir Engel sind aus göttlichem Licht geschaffen, und wir wurden sehr geehrt! Dennoch bewundern wir euch Menschen und bedauern euch auch, weil ihr nach dem Bild Allāhs geschaffen wurdet. Habt ihr nicht den Ausspruch des Propheten gehört: ,Allāh erschuf Adam nach Seinem Bilde?' Wir verstehen das so, daß die Menschen zu einem Rang erhoben worden sind, auf dem Er ihnen erlaubte, Sein Bild zu reflektieren. Diese Ehre hat den Menschen auf eine sehr hohe Stufe erhoben. Deshalb spricht Allāh im Heiligen Koran: *„Und wahrlich, Wir haben die Kinder Adams geehrt und trugen sie über Land und See"* (17:70). Diese beiden Körper, die Erde und das Meer, repräsentieren hier das äußere und das innere Wissen.'

Der Engel fuhr fort: ,Diese Ehre der Menschen ist hauptsächlich in ihren Gesichtern zu sehen, und der Kopf ist das wahre Zentrum des Menschen. Du kannst nicht sagen, daß die Ähnlichkeit zu Allāh in diesem oder jenem Glied des Körpers existiert, da sie alle, von einer Person zur anderen, gleich sind. Doch jeder Mensch hat ein einzigartiges Gesicht, und darin liegt die Ähnlichkeit zu Allāh. Darum schalt der Prophet den Mann, der einen anderen ins Gesicht schlug, und verbot es, Menschen ins Gesicht zu schlagen, selbst im Kampf.

Wenn Allāh sich manifestieren will, schaut Er auf Seine Schöpfung. Als erstes schaut Er auf die Menschen, da sie Ihm ähnlich sind. Die Ihm am meisten ähneln sind die Heiligen. So sagte der Prophet von ihnen: ,Sie erinnern dich an Allāh.' Wir Engel können nur zu Propheten sprechen, nicht zu Heiligen.

Aber wir bedauern euch auch, da die Menschen sich nicht öffnen wollen, die Engelskraft anzuziehen, durch welche sie den Zustand des himmlischen Wissens erreichen können, das zu ihrem Erbe gehört.

Deshalb erscheinen wir in eurer menschlichen Gestalt in verschiedenen Formen und in unterschiedlichem Maß an Licht, an verschiedenen Plätzen und in verschiedenen Altern des menschlichen Lebens, um euch zu erinnern, daß ihr mit Engelskraft geehrt seid und gottähnlich. Bewahrt die Ähnlichkeit! Benutzt die Engelskraft! Das wird euch zu der strahlenden Stufe erheben, von der Allāh sagte: *„Und wem Allāh kein Licht gibt, der hat kein Licht!"* (24:40). Und Er sprach *„Licht über Licht!"* (24:35) und erklärt damit, daß das Licht der Herzensvision mit dem Licht der Engelskraft verbunden sein muß, welche allen Menschen Erfolg und Führung zusichert. Dieses Licht wird dann im gesamten menschlichen Bereich aufscheinen wie eine aufgehende Sonne und ein aufgehender Mond über der gesamten Schöpfung, ohne jemals unterzugehen. Zu der Zeit wird das Licht dieser Kraft jeden einzelnen zu einem Mond machen; gemeint ist, daß ein himmlischer Körper das ursprüngliche Licht auf den Rest der Schöpfung widerspiegeln wird. Durch dieses Licht wird die Erde erhalten, die Liebe der Natur wird die Erde regieren, und jeder wird in Frieden und Liebe leben, im Ozean der engelhaften Schönheit und Harmonie schwimmend."'

Der Heilige endete und sagte: „So sprach der Engel. Dann gab er den Engelsgruß des Friedens und ging."

Quellen

Die wichtigsten Quellen dieses Buches:

Für die Übertragung der Koranzitate ins Deutsche wurden die Ausgaben *Der Koran*, übers. v. Max Henning, Stuttgart 1991, und *Der edle Qur'ān*, übers. von Scheich 'Abdullāh aṣ-Ṣāmit Frank Bubenheit und Dr. Nadeem Elyas, König-Fahd-Komplex, Madina, zu Rate gezogen.

The eight books of Authentic Traditions.
AS-SUYUTI, *Al-haba'ik fi akhbar al-mala'ik.*
IBN KATHIR, *Qisas al-anbiya.*
AN-NAJJAR, *Qisas al-anbiya.*
ATH-THALABI, *Qisas al-anbiya.*
AS-SUFURI, *Nuzhat al-majalis wa muntakhab an-nafais.*
AD-DAYRINI, *Taharat al-qulub wa-l-khudu li allam al-ghuyub.*
AN-NABAHANI, *Jami' aramat al-awliya.*
AL-ISFAHANI, *Hilyat al-awliya.*
IBN 'ARABI, *Al-futuhat al-makkiyya.*
IBN 'ARABI, *Tafsir al-quran al-karim.*
Ms. of Shaykh Sharafuddin ad-Daghestani, 38th Grandshaykh of the Naqshbandi Golden Chain, Private collection.

Ms. of Shaykh Abdullah al-Daghestani, 39th Grandshaykh of the Naqshbandi Golden Chain, Private collection.

Nasir ad-Dins Gedicht im Kapitel „Die Engel der Gnade und des Zorns" wurde William Chitticks Werk *Faith and Practice of Islam: Three Thirteenth-Century Sufi Texts* (Albany: SUNY Press, 1992), S. 78 entnommen .